即学即用

菜鸟学出纳（图解案例版）

北京铨瑞会计师事务所　编著

中国铁道出版社有限公司
CHINA RAILWAY PUBLISHING HOUSE CO., LTD.

图书在版编目(CIP)数据

即学即用！菜鸟学出纳：图解案例版/北京铨瑞会计师事务所编著.—北京：中国铁道出版社，2019.4

ISBN 978-7-113-24807-9

Ⅰ.①即… Ⅱ.①北… Ⅲ.①出纳—会计实务 Ⅳ.①F231.7

中国版本图书馆CIP数据核字(2018)第179364号

书　　名：即学即用！菜鸟学出纳（图解案例版）
作　　者：北京铨瑞会计师事务所 编著

责任编辑：王淑艳　　**编辑部电话：**010-51873457　　**电子邮箱：**wangsy20008@126.com
封面设计：北京光大印艺文化发展有限公司
责任校对：王　杰
责任印制：赵星辰

出版发行：中国铁道出版社有限公司（100054，北京市西城区右安门西街8号）
网　　址：http://www.tdpress.com
印　　刷：三河市兴达印务有限公司
版　　次：2019年4月第1版　2019年4月第1次印刷
开　　本：710 mm×1 000 mm　1/16　印张：15.5　字数：210千
书　　号：ISBN 978-7-113-24807-9
定　　价：49.80元

扫一扫，注册后观看
会计视频课程

前 言
PREFACE

会计的历史悠久,《周礼》中把主管会计的官员称为“司会”。《周礼》称：司会掌邦国会计之法度，“以参到考成，以月要考成，以岁会考成”。凡一日之计，由每笔账目核算而成，表现为“零星算之”，故为“计”；凡一旬之会计记录，由十日账目总合而成，故称之为“会”。会计就是用数字和文字记录业务收支的方法。

目前，会计门槛不算高，找工作相对比较容易，这吸引了大量的年轻人。会计究竟是怎样的一门学科？世上再没有比借贷记账法更简单、更实用的原理，这个原理是会计学的杠杆，把会计对象支撑在一个平衡点上。如何更快、更简单地掌握会计核心技术，是本书要解决的问题。

本书精彩看点如下：

1. 编写依据

紧扣最新《会计法》、《企业会计准则》、《企业会计准则第 14 号——收入》(财会〔2017〕22 号)(以下简称“新收入准则”)，以及《会计基础工作规范》进行编写，包括“会计文字与数字书写技巧”“辨别假币和假发票”“银行开户办理”“银行票据使用规则”“使用网上银行业务”“现金的管理”“企业开业办理”“税务申报”“五证合一”“五险一金计提与申报”等。

2. 会计上岗

2017 年 11 月 4 日，第十二届全国人民代表大会常务委员会第三十次会议《关于修改〈中华人民共和国会计法〉等十一部法律的决定》第二次修正，对会计专业技术人员规定如下：

(1) 持有会计专业技术资格证书的会计人员；

(2) 持有会计从业资格证书且从事会计工作的会计人员；

(3) 其他从事会计工作的会计人员。

3. 基础解读

秉承基础实用的原则，本书对出纳业务从头到尾进行图解。

（1）建账。不管是新企业，还是老企业，建账是第一步要做的事，哪怕只设置几个账簿。现在基本是计算机建账，原理同手工建账是一样的。

（2）业务流程。从企业“五证合一”办理、社保核算、日常收支业务、印章到账簿管理等。

（3）对账结账。一个月的业务登记完毕，月底就要对涉及现金的会计凭证及日记账簿进行对账与结账。

（4）编制报表。企业经营的好与坏，通过报表就可以知晓了。

4. 全真实训

为了更真实地接近会计工作，本书案例涉及的单据基本附有图样，编写会计分录、登记会计凭证以及会计账簿。

5. 典型案例

因本书涉及企业最基本的业务，案例也选取具有普遍意义的实例，出纳人员可轻松应付岗位要求。

本套图书

本套图书包括《即学即用！菜鸟学出纳（图解案例版）》《即学即用！菜鸟学会计（图解案例版）》《即学即用！菜鸟学纳税（图解案例版）》《即学即用！菜鸟学成本核算与成本分析（图解案例版）》《即学即用！菜鸟学财报分析（图解案例版）》，皆为入门类图书，对会计知识与实务操作并行讲解，达到实战演练的目的。

本书读者

本书适用于会计初学者、会计专业学生、开辟第二职业的好学者以及在职会计人员。本书用实例为读者营造了一个真实的会计实战氛围，是职场小白的好帮手。

编　者

目　录

CONTENTS

第4章 日常现金收付的会计处理

第5章 银行结算业务核算

第 6 章 出纳如何对账

第 7 章 出纳如何结账

第 8 章 出纳应知哪些税种

第 1 章

出纳上岗须知

出纳工作看似简单，工作量也比会计少，但琐碎的事项却不少，由于每日“万贯家财手中过”，出纳保管大量的有价证券、银行票据、印鉴及各种印章，责任重大。因此，出纳要练好上岗本事，做好本职工作。

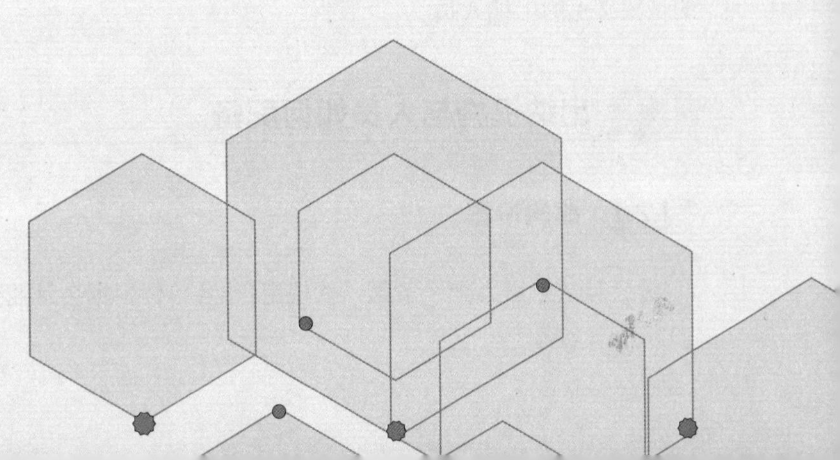

1.1 什么是出纳

出纳，作为会计专用名词，至少有出纳岗位、出纳核算、出纳人员三种本义。

1.1.1 出纳岗位

出纳岗位是管理货币资金、票据、有价证券收入与支出的一项工作。具体地讲，出纳是按照有关规定和制度，办理本单位的现金收付、银行结算及有关账务，保管库存现金、有价证券、财务印章及有关票据等工作的总称。从广义上讲，只要是票据、货币资金和有价证券的收付、保管、核算，就都属于出纳岗位工作；狭义的出纳工作则仅指各单位会计部门专设出纳岗位或人员的各项工作。

1.1.2 出纳核算

出纳核算，即对出纳工作进行的计量、记录及账务处理等业务活动。及时登记现金和银行存款有关的会计凭证与会计账簿。坚持每天盘点现金，核对现金日记账，做到日清月结。

1.1.3 出纳人员

出纳人员是指在各单位担任出纳工作的人员。出纳人员有广义和狭义之分。狭义的出纳人员：仅指会计部门的出纳人员；广义的出纳人员：既包括会计部门的出纳人员，也包括业务部门的各类收款员（收银员）。我们在此所讲的是狭义上的出纳人员。

1.2 出纳机构与人员如何配备

1.2.1 机构设置

《会计法》第二十一条第一款规定：“各单位根据会计业务的需要设置会计

机构，或者在有关机构中设置会计人员并指定会计主管人员。不具备条件的，可以委托经批准设立的会计咨询、服务机构进行代理记账。”出纳一般设置在会计机构内部，如企事业单位财务部专门处理出纳业务的出纳组、出纳室。《会计法》对各单位会计、出纳机构与人员的设置没有做出硬性规定，只是要求各单位根据业务需要来设定。各单位可根据单位规模大小和货币资金管理的要求，结合出纳工作的繁简程度来设置出纳机构。集团公司可在财务处下设出纳科；中型企业可在财务科下设出纳室，小型企业可在财务室下配备专职出纳员。有些主管公司，把若干分公司的出纳业务（或部分出纳业务）集中起来办理，成立专门的内部“结算中心”，这种“结算中心”，实际上也是出纳机构。

1.2.2 出纳人员配备

一般来讲，在银行开户的行政、事业单位；有经常性现金收入和支出业务的企业、行政事业单位都应配备专职或兼职出纳人员，担任本单位的出纳工作。出纳人员配备的多少，主要决定于本单位出纳业务量的大小和繁简程度，一般可采用一人一岗、一人多岗、一岗多人等几种形式。

一人一岗	一人多岗	一岗多人
• 规模不大的单位，出纳工作量不大，可设专职出纳员一名	• 规模较小的单位，出纳工作量较小，可设兼职出纳员一名。如无条件单独设置会计机构的单位，至少要在有关机构中（如单位的办公室、后勤部门等）配备兼职出纳员一名	• 规模较大的单位，出纳工作量较大，可设多名出纳员，如分设管理收付的出纳员和管账的出纳员，或分设现金出纳员和银行结算出纳员等

1.3 出纳工作有什么特点

出纳是会计工作的组成部分，具有一般会计工作的本质属性，但它又是一个专门的岗位，一项专门的技术，因此，具有自己固有的工作特点。

社会性	专业性	政策性	时间性
• 出纳工作不但担负单位货币资金的收付、存取任务，而且要经常跑银行、税务、工商等部门，并定时或不定时参加财经政策法规的学习和培训。因此，出纳工作具有广泛的社会性	• 要做好出纳工作，一方面要求拥有一定的职业技能，另一方面也要在实践中不断积累经验，熟练使用现代化办公设备与会计操作软件，才能成为一名合格的出纳人员	• 出纳工作是一项政策性很强的工作，《会计法》《会计基础工作规范》是对出纳工作的规范和要求	• 出纳工作具有很强的时间性，及时处理各种单据，保证企业收入与支出能正常处理，确保资金运转良性发展

1.4 出纳工作的职能是什么

出纳职能可概括为收付、反映、监督、管理四个方面。

1.4.1 收付职能

出纳的最基本职能是收付职能。企业经营活动少不了货款的收付、往来款项的收付，也少不了各种有价证券以及金融业务往来的办理。这些业务往来的现金、票据和金融证券的收付和办理，以及银行存款收付业务的办理，都必须经过出纳人员之手。

1.4.2 反映职能

出纳要利用统一的货币计量单位，通过其特有的现金与银行存款日记账、有价证券的各种明细分类账，对本单位的货币资金和有价证券进行详细地记录与核算，以便为经济管理和投资决策提供所需的完整、系统的经济信息。因此，反映职能是出纳工作的主要职能之一。

1.4.3 监督职能

出纳要对企业的各种经济业务，特别是货币资金收付业务的合法性、合理性和有效性进行全过程的监督。

1.4.4 管理职能

出纳还有一个重要的职能是管理职能。对货币资金与有价证券进行保管，对银行存款和各种票据进行管理，对企业资金使用效益进行分析研究，为企业投资决策提供金融信息，甚至直接参与企业的方案评估、投资效益预测分析等都是出纳的职责所在。

1.5 出纳人员的职责是什么

根据《会计法》《会计基础工作规范》等财会法规，出纳员具有以下职责。

1
- 按照国家有关现金管理和银行结算制度的规定，办理现金收付和银行结算业务

2
- 根据会计制度的规定，在办理现金和银行存款收付业务时，要严格审核有关原始凭证，再据以编制收付款凭证，然后根据编制的收付款凭证逐笔登记现金日记账和银行存款日记账，并结出余额

3
- 按照国家外汇管理和结汇、购汇制度的规定及有关批件，办理外汇出纳业务

4
- 掌握银行存款余额，不准签发空头支票，不准出租、出借银行账户为其他单位办理结算。这是出纳员必须遵守的一条纪律，也是防止经济犯罪、维护经济秩序的重要方面。出纳员应严格支票和银行账户的使用和管理，从出纳这个岗位上堵塞结算漏洞

5
- 保管库存现金和各种有价证券（如国库券、债券、股票等）的安全与完整。要建立适合本单位情况的现金和有价证券保管责任制，如发生短缺，属于出纳员责任的要进行赔偿

6
- 保管有关印章、空白收据和空白支票。通常，单位财务公章和出纳员名章要实行分管，交由出纳员保管的出纳印章要严格按规定用途使用，各种票据要办理领用和注销手续

第 2 章 出纳上岗基础技能训练

一般来说，大中专院校会计专业的学生均有系统的实训课程，着重培养学生书写、点钞、验钞，识别真假发票的知识。但对于非会计专业又打算从事财务工作的人员来说，就只能多学、多练、多问、多看，掌握出纳最基本的能力。

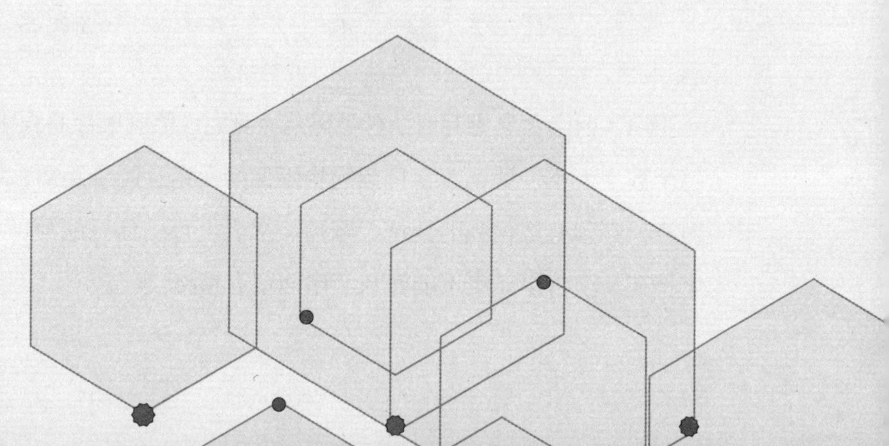

2.1 数字书写

正确的数字书写，是为填写各种单据、登记会计凭证与会计账簿做准备。

2.1.1 登记账簿数字书写

阿拉伯数字的书写要求如下：

（1）每个数字要大小匀称，笔画流畅，每个数字独立有形，不能连笔书写，要能让使用者一目了然。

（2）每个数字要紧贴底线书写，但上不可顶格，其高度占全格的 1/2 的位置，要为更正错误数字留余地。除 6、7、9 外，其他数字高低要一致。书写数字“6”时，上端比其他数字高出 1/4，书写数字“7”和“9”时，下端比其他数字伸出 1/4。

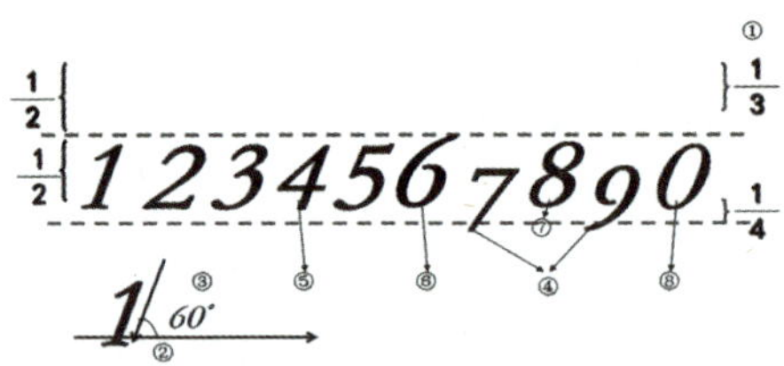

（3）书写每个数字排列有序并且数字要有一定倾斜度，各数字的倾斜度要一致。

1	2	3	4	5	6	7	8	9	0

（4）财会数字书写时，各数码从左到右、笔画顺序是自上而下、先左后右。每个数字大小一致，数字排列的空隙保持一定且同等距离，每个字上下左右要对齐，在印有数位线的凭证、账簿、报表上每一格只能写一个数字，不得几个字挤在一个格里，更不能在数字中间留有空格。

（5）出纳人员要保持个人独特字体和书写特色，以防别人模仿或涂改。

（6）对于容易混淆并且笔顺相近的数字，应按标准字体书写，区分各数字笔顺，避免混同，并防止涂改。如手写“0”“6”“8”“9”时，圆圈必须封口；除“4”“5”以外数字必须一笔写成，不要人为地增加数字的笔画；为避免将“1”改为“7”，手写“1”要写得长一点，尽量将格子占满，并保持斜度等。

现金日记账簿登记，见表 2-1。

表 2-1　现金日记账簿

2019年		凭证科目代码	摘要	对方科目	借方										贷方										余额									
月	日				千	百	十	万	千	百	十	元	角	分	千	百	十	万	千	百	十	元	角	分	千	百	十	万	千	百	十	元	角	分
1	1		期初余额																										3	9	0	0	0	0
1	5	略	提现金支票 #0213	银行存款			1	3	5	9	0	0	0	0													1	3	9	8	0	0	0	0
1	5	略	支付职工工资	应付职工薪酬													1	2	9	0	0	0	0	0				1	0	8	0	0	0	0
1	17		收到艾兰芝罚款	营业外收入					1	5	0	0	0	0														1	2	3	0	0	0	0
1	19	略	收到销售货款	应收账款					3	2	4	5	5	0														1	5	5	4	5	5	0
1	20	略	徐漫彬预借差旅费	其他应收款															2	2	0	0	0	0				1	3	3	4	5	5	0
1	20	略	废品收入送存银行	银行存款															9	1	2	0	0	0					4	2	2	5	5	0
1	20	略	以现金支付职工培训费	管理费用															1	1	0	0	0	0					3	1	2	5	5	0
1	25	略	购买办公用品	管理费用															1	8	4	0	0	0					1	2	8	5	5	0
1	31																																	
			本月合计				1	4	0	6	4	5	5	0			1	4	3	2	6	0	0	0					1	2	8	5	5	0

2.1.2 会计凭证大小金额的书写

会计凭证中货币资金大小金额的书写如下：

大写金额	小写金额
•零、壹、贰、叁、肆、伍、陆、柒、捌、玖、拾、佰、仟、万、亿、元、角、分、整（或正）	•1、2、3、4、5、6、7、8、9、0

1. 大写金额书写要求

（1）汉字大写金额一律用正楷或“行书”书写（工整、清晰），大写金额到元或角为止的，在元或角之后应当写“整”或“正”。大写金额前未印有货币名称的，应加填货币名称。如：人民币。货币名称与金额数字之间不得留空白。

（2）汉字大写金额书写时必须注意，表示位数（拾、佰、仟、万）的文字前必须要有数字。如：￥12 元，人民币壹拾贰元整；￥123 000 元，人民币壹拾贰万叁仟元整。需要注意的是，“拾”为位数时，前面的“壹”不能省略。

（3）元位是“0”，或者数字中间连续有几个“0”，元位也是零，但角位不是“0”时，汉字大写金额可以只写一个“零”，也可以不写“零”字。例如：￥600.35 元，大写：人民币陆佰元零叁角伍分或人民币陆佰元叁角伍分。

2. 小写金额书写要求

（1）阿拉伯数字前面应当书写货币币种符号或者货币名称简写。币种符号与阿拉伯数字金额之间不得留有空白。凡阿拉伯数字前写有币种符号，数字后面不再写货币单位。例如人民币符号“￥”，它既代表了人民币的币制，又表示人民币“元”的单位，所以，当小写金额前填写人民币符号“￥”后，数字后面不再写“元”字。需要注意的是：“￥”与阿拉伯数字要有明显区别。小写金额前得写“￥”如：￥32 679.00。

（2）写小写金额的整数部分，可以从小数点向左按照“三位一节”用“,”分开或加空格分开。如 23,567,112 或 23 567 112。

（3）角分书写要求：所有以元为单位的阿拉伯数字，一般填写到角分；无角分的，角位和分位可写“00”；有角无分的，分位应当写“0”，不得用符号“–”代替。

2.1.3 票据数字书写

根据《支付结算办法》的规定：票据的出票日期必须使用中文大写。为防止变造票据的出票日期，在填写月、日时，月为壹、贰和壹拾的，日为壹至玖和壹拾、贰拾和叁拾的，应在其前加“零”；日为拾壹至拾玖的，应在其前加“壹”。如 1 月 15 日，应写成零壹月壹拾伍日。再如 10 月 20 日，应写成零壹拾月零贰拾日。票据出票日期使用小写填写的，银行不予受理。大写日期未按要求规范填写的，银行可予受理；但由此造成损失的，由出票人自行承担。

【例 2-1】 双城有限公司 2019 年 1 月 10 日开出一张现金支票，金额 5 000 元，提取备用金，如图 2-1 所示。

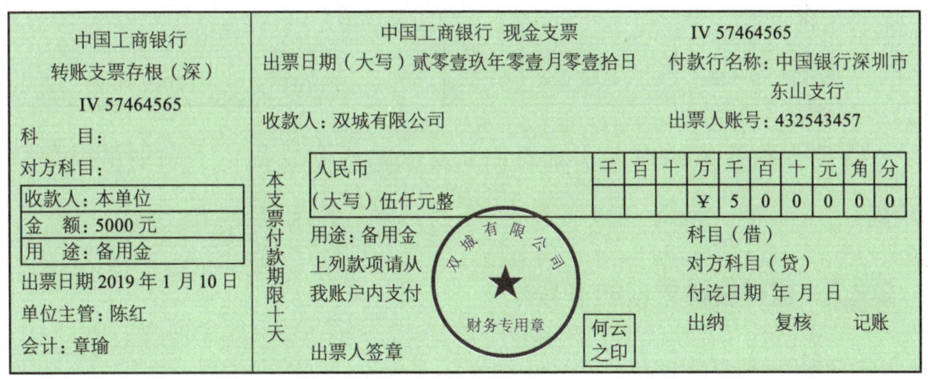

中国工商银行
转账支票存根（深）
IV 57464565
科　　目：
对方科目：
收款人：本单位
金　额：5000 元
用　途：备用金
出票日期 2019 年 1 月 10 日
单位主管：陈红
会计：章瑜

中国工商银行　现金支票　IV 57464565
出票日期（大写）贰零壹玖年零壹月零壹拾日　付款行名称：中国银行深圳市东山支行
收款人：双城有限公司　出票人账号：432543457
本支票付款期限十天

人民币（大写）伍仟元整	千	百	十	万	千	百	十	元	角	分
				¥	5	0	0	0	0	0

用途：备用金
上列款项请从
我账户内支付
出票人签章
双城有限公司　财务专用章
何云之印
科目（借）
对方科目（贷）
付讫日期　年　月　日
出纳　　复核　　记账

图 2-1　现金支票

注：在登记账簿、编制报表时，不能使用¥符号。

2.2 会计文字书写规范

会计上的文字书写是指汉字书写。出纳每天都离不开书写，书写文字与书写数字二者相辅相成。

2.2.1 日常单据的文字书写

会计文字书写的基本要求是：字体规范、字迹清晰、简明扼要、表达准确、字词正确、排列整齐、书写流利。

例如日常工作中，出纳常常会根据单位业务需要完成下列现金交款单的填写，见表 2-2。

表 2-2　中国工商银行现金交款单

2019 年 1 月 12 日　　　　第 34546 号

<table>
<tr><td rowspan="3">收款人</td><td>全　称</td><td colspan="15">双城有限公司</td></tr>
<tr><td>账　号</td><td>432543457</td><td>款项来源</td><td colspan="13">甲材料零售款</td></tr>
<tr><td>开户银行</td><td>中国银行深圳市东山支行</td><td>交款人</td><td colspan="13">刘雪</td></tr>
<tr><td colspan="4" rowspan="2">人民币（大写）：⊗叁仟贰佰元整</td><td colspan="3"></td><td>千</td><td>百</td><td>十</td><td>万</td><td>千</td><td>百</td><td>十</td><td>元</td><td>角</td><td>分</td></tr>
<tr><td colspan="3"></td><td></td><td></td><td></td><td>¥</td><td>3</td><td>2</td><td>0</td><td>0</td><td>0</td><td>0</td></tr>
<tr><td>票面</td><td>张数</td><td>票面</td><td>张数</td><td>票面</td><td>张数</td><td colspan="11" rowspan="3">记账：贾非　复核：周孟美
出纳：何洁　复核：张婷婷
2019 年 1 月 12 日</td></tr>
<tr><td>100</td><td>20</td><td>50</td><td>24</td><td></td><td></td></tr>
<tr><td></td><td></td><td></td><td></td><td></td><td></td></tr>
</table>

从现金交款单的内容不难看出，文字与数字在描述一项业务时同样重要。

2.2.2 银行结算凭证的书写

由于各种结算凭证是办理转账结算和现金收付的重要依据，直接关系到资金结算的准确性、及时性和安全性，同时各种结算凭证还是银行、单位和个人记录经济业务、明确经济责任的书面证明，因此必须按照规定认真填写银行结算凭证。

（1）认真、完整填写凭证内容。

对于结算凭证上所列的收、付款人和开户单位名称、日期、账号、大小写金额、收付款地点、用途等应逐项认真填写，不得省简或遗漏。

（2）规范填写凭证金额数字。

在填写票据和凭证时，必须做到：要素齐全，内容真实，数字正确，字迹清楚，不潦草，不错漏，严禁涂改。单位和银行的名称用全称：异地结算应冠以有省（自治区、直辖市）、县（市）字样等要求。

军队一类保密单位使用的银行结算凭证可免填用途。

在填写票据和结算凭证时，银行对结算凭证的金额大小写要求极为严格，不按规范填写，银行将不予受理。结算票据填写如图2-2所示。

中国银行转账支票　　XVI768676564534

出票日期（大写）：贰零壹玖年零壹月壹拾日　　付款行名称：中国银行深圳市松岭支行

收款人：红河百货有限公司　　出票人账号：864735632

人民币
（大写）：叁佰贰拾贰万玖仟贰佰元整

千	百	十	万	千	百	十	万	千	百	十	元	角	分
				¥	3	2	2	9	2	0	0	0	0

上列款项请从
我账户支付　　（印章：阳光宾馆 财务专用章）　（李明之印）

出票人盖章：

密码：235457634657678

行号：343

复核：　　记账：

图2-2 中国银行转账支票

2.3 点钞技能

现在一般企业财务部都配有点钞机，出纳人员必须正确掌握点钞机的使用方法。但是由于种种原因，机器点钞以后，出纳人员还要用手工再点验。没有点钞机器的企业，手工点钞更是必不可少。由于银行服务窗口每天收付大量现钞，故对窗口人员有特殊的要求。

点钞分为两种：一是手持式点钞方法；二是手按式点钞方法。

点钞的基本程序见表2-3。

表2-3 点钞的基本程序

拆把	把待点的成把钞票的封条拆掉
点数	手点钞，脑记数，点准一百张
扎把	把点准的一百张钞票墩齐，用腰条扎紧
盖章	在扎好的钞票的腰条上加盖经办人名章，以明确责任

2.3.1 手持式点钞方法

1. 手持式单指单张点钞法

首先将钞票正面向内，持于左手拇子左端中央，二指（食指）和三指（中指）在票后面捏着钞票，四指（无名指）自然卷曲，与五指（小拇指）在票正面共同卡紧钞票；然后，右手三指微微上翘，托住钞票右上角，右手拇指指尖将钞票右上角向右下方逐张捻动，二指和其他手指一道配合拇指将捻动的钞票向下弹动，拇指捻动一张，二指弹拨一张，左手拇指随着点钞的进度，逐向后移动，食指向前推动钞票，以便加快钞票的下落速度；在此过程中，同时采用前缀循环记数 1234567890、2234567890、3234567890……10234567890，或后缀循环记数法：1234567891、1234567892、1234567893……12345678910 等自然记数方法，将捻动的每张钞票清点清楚。

手持式单指单张点钞法如图 2-3 所示。

图 2-3 手持式单指单张点钞法

手持式单指单张技能要求：

- 清点数额必须准确
- 钞把要四面整齐，露头不能超过5mm
- 扎把要紧，以捏起第一张钞票不被抽出为准
- 银行前台储蓄点钞最低要求：每10分钟完成点钞、捆把16把

2. 手持式四指四张点钞法

手持式四指四张点钞法是以左手持钞，右手四指依次各点一张，一次四张，轮回清点，速度快，点数准，轻松省力，挑剔残损券也比较方便。此法也是纸币复点中常用的一种方法。

银行等级要求如下：

单指单张点钞
• 一级：时速15000张 • 二级：时速13500张 • 三级：时速12000张

多指多张点钞
• 一级：时速24000张 • 二级：时速20000张 • 三级：时速16000张

2.3.2 手按式点钞方法

1. 手按式单指单张点钞法

手按式单指单张点钞法，是常采用的方法之一。这种方法简单易学，便于挑剔损伤券币，适用于收款、付款工作的初、复点。其操作要点是：

将钞票平放在桌子上，两肘自然放在桌面上。以钞票左端为顶点，与身体成 45 度角，左手小指、四指按住钞票的左上角，用右手拇指托起右下角的部分钞票，用右手二指捻动钞票，每捻起一张，左手拇指即往上推动到二指、三指之间夹住，完成一次动作后再依次连续操作，在完成这些动作的同时，采用 1、2、3 等自然记数方法，即可将钞票清点清楚。此法与手持式相比，点钞的速度慢一些，但点钞者能够看到较大的票面。

2. 手按式四指四张法

手按式四指四张法，其操作要点是：

将钞票平放在桌子上，两肘自然放在桌面上。以钞票左端为顶点，与身体成 45 度角，左手小指、四指按住钞票的左上角，右手掌心向下，拇指放在钞票里侧，挡住钞票。

二指、中指、四指、小指指尖依次由钞票右侧外角向里向下逐张拨点，一指拨点一张，一次点四张为一组，依次循环拨动。每点完一组，左手拇指将点完的钞票向上掀起，用二指与中指将钞票夹住，如此循环往复。

这种点钞法采用分组记数法，每一组记一个数，数到 25 组为 100 张。

3. 扇面式点钞法

将钞票捻成扇面型，右手一指或多指依次清点，如果是一指清点即为扇面式一指多张点钞法；如果是四个指头交替拨动，分组点，一次可以点多张，即为扇面式四指多张点钞法。扇面式点钞法如图 2-4 所示。

图 2-4　扇面式点钞

这种点钞法，清点速度快，适用于收、付款的复点，特别是对大批成捆钞票的内部清点作用更大。但是这种方法清点时不容易识别假票、夹杂券币，所以不适于收、付款的初点。

2.3.3 机器点钞技术

机器点钞就是用点钞机代替部分手工点钞，速度是手工点钞的几倍；它大大地提高了点钞的工作效率并减轻了出纳人员的工作强度。

出纳人员在进行机器点钞之前，首先安放好点钞机，将点钞机放置在操作人员顺手的地方，一般是放置在操作人员的正前方或右上方；安放好后必须对点钞机进行调整和试验，力求转速均匀，下钞流畅、落钞整齐、点钞准确。

纸币点钞机如图 2-5 所示。

图 2-5　纸币点钞机

（1）机器点钞的具体操作方法如下。

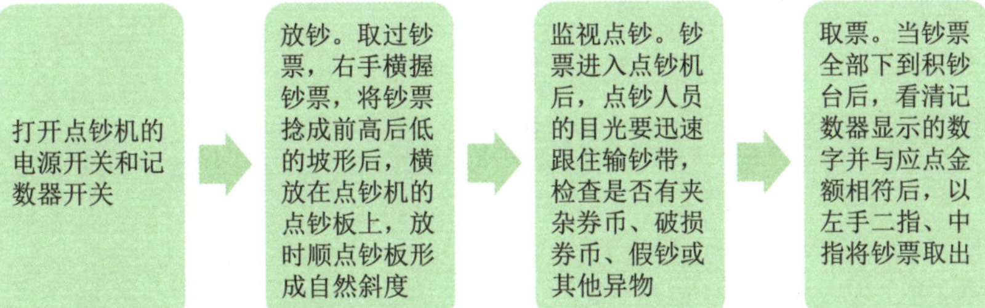

如果还有钞票需要点验，再重复上述步骤即可。

（2）手工清点硬币方法如下。

手工清点硬币一般包括整理、清点、记数等步骤。

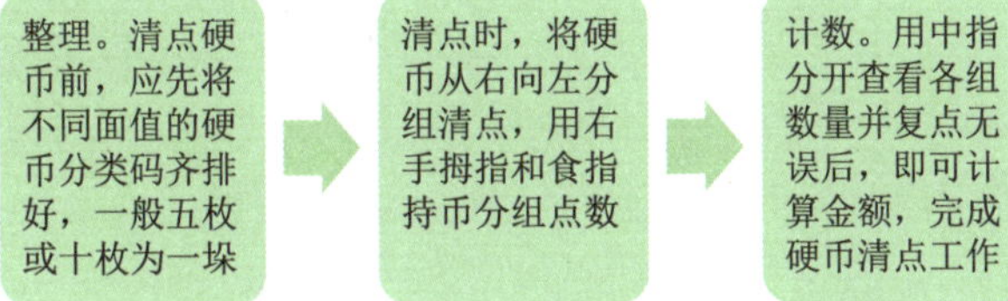

第 3 章
建账

新建单位和原有单位在年度开始时，会计人员均应根据核算工作的需要设置应用账簿，即平常所说的“建账”。一个单位至少应设置四册账：现金日记账、银行存款日记账、总分类账、活页明细账。

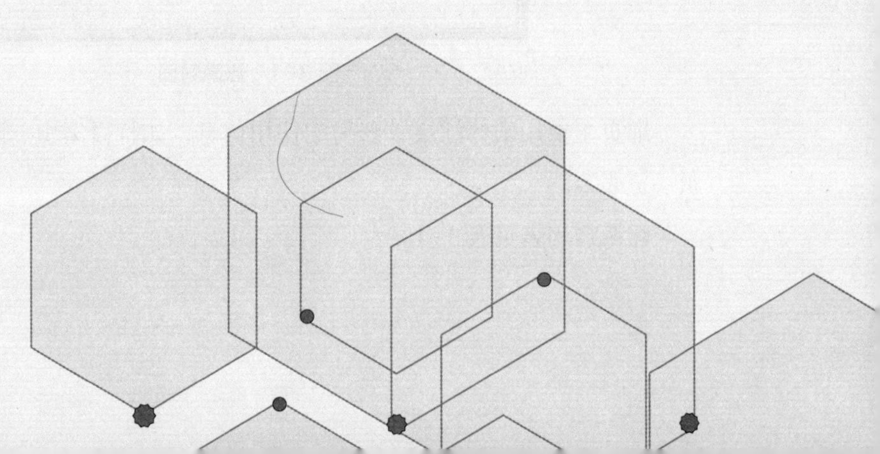

3.1 建账的基本程序

3.1.1 如何建账

建账的基本程序是：

第一步：按照需用的各种账簿的格式要求，预备各种账页，并将活页的账页用账夹装订成册。

第二步：在账簿的启用表上，写明单位名称、账簿名称、册数、编号、起止页数、启用日期以及记账人员和会计主管人员姓名，并加盖名章和单位公章。记账人员或会计主管人员在本年度调动工作时，应注明交接日期、接办人员和监交人员姓名，并由交接双方签名或盖章，以明确经济责任。在实际工作中，由于各种会计账簿所记录的经济业务不同，账簿的格式也多种多样，但各种账簿都应具备以下基本内容：封面、扉页和账页。

封面主要标明账簿的名称。如总分类账、明细分类账、现金日记账、银行存款日记账等，此外，还有记账单位名称等内容，如图 3-1 所示。

账簿名称：银行日记账

单位名称：双城有限公司

图 3-1 账簿封面

扉页主要用来标注会计账簿的使用信息，如科目索引、账簿启用和经管人员一览表等。

账簿启用表见表 3-1。

表 3-1

账簿启用表					
单位名称	双城有限公司	负责人	姓名	签章
账簿名称	现金日记账　第1册	单位负责人	何云	何云
账簿页码	100	单位财务负责人	张丽	张丽
账簿页数	本账簿共100页	会计机构负债人	王青	王青
启用日期	2019年1月1日	会计主管	夏菲	夏菲

经管本账簿人员一览表									
职务	姓名	接管			移交			监交	
		月	日	盖章	月	日	盖章	职务	职名
会计	薛冰	1	1	李佳					

第三步：按照会计科目表的顺序、名称，在总账账页上建立总账账户；并根据总账账户明细核算的要求，在各个所属明细账户上建立二三级明细账户。原有单位在年度开始建立各级账户的同时，应将上年账户余额结转过来。

第四步：启用订本式账簿，应从第一页起到最后一页止顺序编定号码，不得跳页、缺号；使用活页式账簿，应按账户顺序编本账户页次号码。各账户编列号码后，应填“账户目录”，将账户名称页次登入目录内，并粘贴索引纸（账户标签），写明账户名称，以利检索。

账簿目录见表 3-2。

表 3-2　账簿目录

编号	账户名称	起止页数	编号	账户名称	起止页数
1	1001 库存现金	1-10	3	1012 其他货币资金	21-25
2	1002 银行存款	11-20	4	1121 应收票据	25-30

续上表

编号	账户名称	起止页数	编号	账户名称	起止页数
5	1122 应收账款	31-40	14	4002 资本公积	78
6	1123 预付账款	41-45	15	4101 盈余公积	79
7	1221 其他应付款	46-50	16	4103 本年利润	80
8	1405 库存商品	51-55	17	6001 主营业务收入	80-85
9	1601 固定资产	56-60	18	6401 主营业务成本	86-90
10	2001 短期借款	61-65	19	6403 税金及附加	91
11	2202 应付账款	66-75	20	6601 销售费用	92-95
12	2203 预收账款	76	21	6602 管理费用	96-98
13	4001 实收资本	77	22	6603 财务费用	99-100

3.1.2 总账怎样设置

总账，又称总分类账，一般采用三栏式，也可采用双栏式、棋盘式，除此之外，还可结合各种形式的汇总，而采用多栏式（例如日记总账）。其中三栏式是普遍采用的基本格式；双栏式仅适用于期末没有余额的虚账户（收入、费用等暂时性、过渡性账户）；棋盘式的分类账有利于体现账户间的对应关系，但账页庞大，工作量也很大，仅适用于业务量少、运用科目也少的单位。

3.1.3 日记账怎样设置

日记账的主要作用是按照时间的先后顺序记录经济业务，以保持会计资料的完整性和连续性。进行日记账的设置工作，首先要确定其种类和数量。日记账在不同的会计核算组织形式下，其具体用途是不同的。如果日记账用作过账媒介（ 如通用日记账、日记总账核算组织形式），则要求设置一个严密完整的序时账簿体系，包括单位的所有经济业务；如果日记账不用作过账媒介，则不必考虑其体系的完整性，只需设置某些特种日记账即可。通常设置的特种日记账主要包括现金日记账和银行存款日记账，极少数单位还设置销货日记账和购货日记账。

现金日记账是专门记录现金收付业务的特种日记账，它一般由出纳人员负责填写。现金日记账既可用作明细账，也可用于过账媒介。

银行存款日记账是用来记录银行存款收付业务的特种日记账。其设计方法与现金日记账基本相同，但须将账簿名称分别改为“银行存款收入日记账”“银行存款付出日记账”和“银行存款日记账”，并将前两种账页左上角的科目名称改为“银行存款”。而且一般应相应增加每笔存款收支业务所采用的结算方式一栏，以便分类提供数据和据以进行查对、汇总。一般单位也只设置三栏式的银行存款日记账。

在日记账用作过账媒介时，必须设置普通日记账，用以记录全部转账业务，逐日逐笔进行登记。普通日记账可以采用账户两栏式，也可采用金额双栏式，但后者更为简便易行。

必须说明的是，现金日记账和银行存款日记账必须采用订本式账簿。不得用银行对账单或者其他方法代替日记账。

3.2 原始凭证

会计凭证，简称凭证，是记录经济活动，明确经济责任的书面证明。

3.2.1 什么是原始凭证

原始凭证亦称单据，是在经济业务发生时由经办人员直接取得或填制的，用以载明经济业务的具体内容，表明某项经济业务已经发生和完成，明确有关经济责任，具有法律效力的书面证明。

作为记录和证明经济业务的发生或完成情况、明确经办单位和人员的经济责任的原始证据，必须具备以下基本内容。

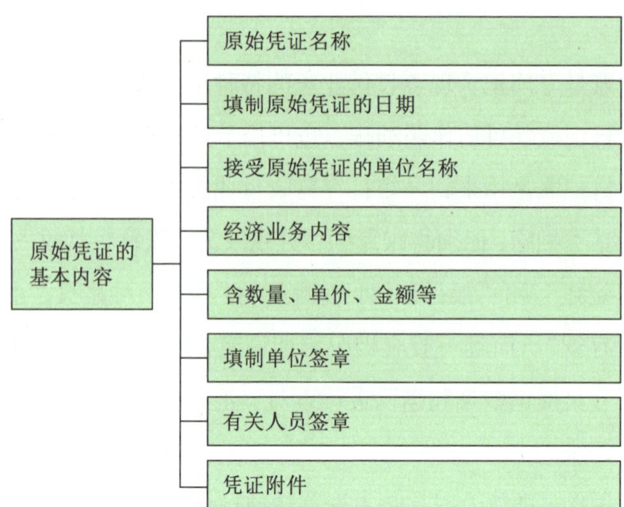

原始凭证必须记载的事项，如图 3-2 所示。

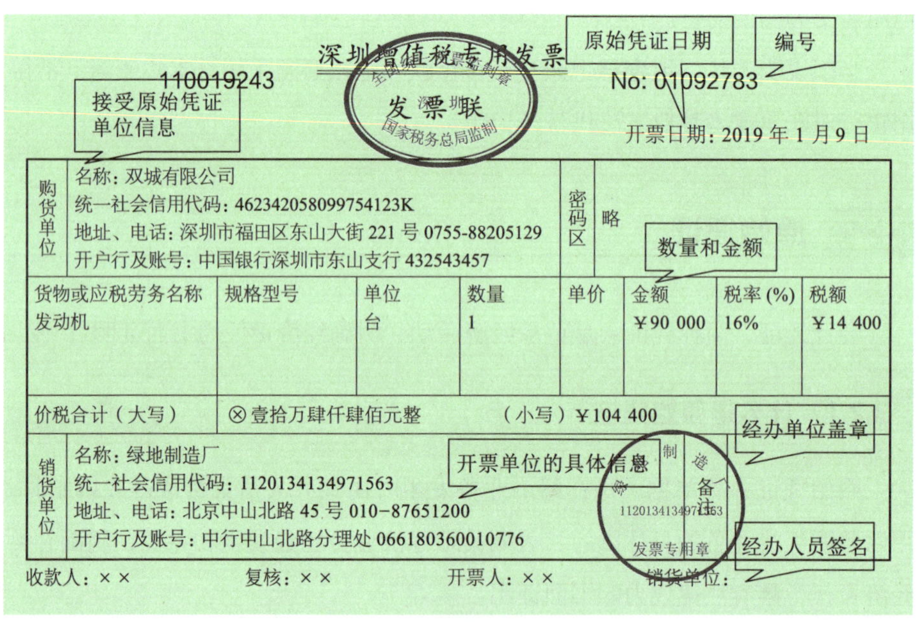

深圳增值税专用发票

110019243 No: 01092783

发 票 联

开票日期：2019 年 1 月 9 日

购货单位	名称：双城有限公司 统一社会信用代码：462342058099754123K 地址、电话：深圳市福田区东山大街 221 号 0755-88205129 开户行及账号：中国银行深圳市东山支行 432543457				密码区	略	
货物或应税劳务名称	规格型号	单位	数量	单价	金额	税率 (%)	税额
发动机		台	1		¥90 000	16%	¥14 400
价税合计（大写）	⊗壹拾万肆仟肆佰元整			（小写）¥104 400			
销货单位	名称：绿地制造厂 统一社会信用代码：1120134134971563 地址、电话：北京中山北路 45 号 010-87651200 开户行及账号：中行中山北路分理处 066180360010776				备注		

收款人：×× 复核：×× 开票人：×× 销货单位：

图 3-2 外来原始凭证（发票）

3.2.2 原始凭证分类

原始凭证按取得的来源不同，可分为外来原始凭证和自制原始凭证两类。

1. 外来原始凭证

外来原始凭证，是指在同外单位发生经济往来关系时，从外单位取得的凭证。外来原始凭证都是一次凭证。如企业购买材料、商品时，从供货单位取得的发票，贷款取得的银行借据等，就是外来原始凭证。图 3-3 为外来原始凭证。

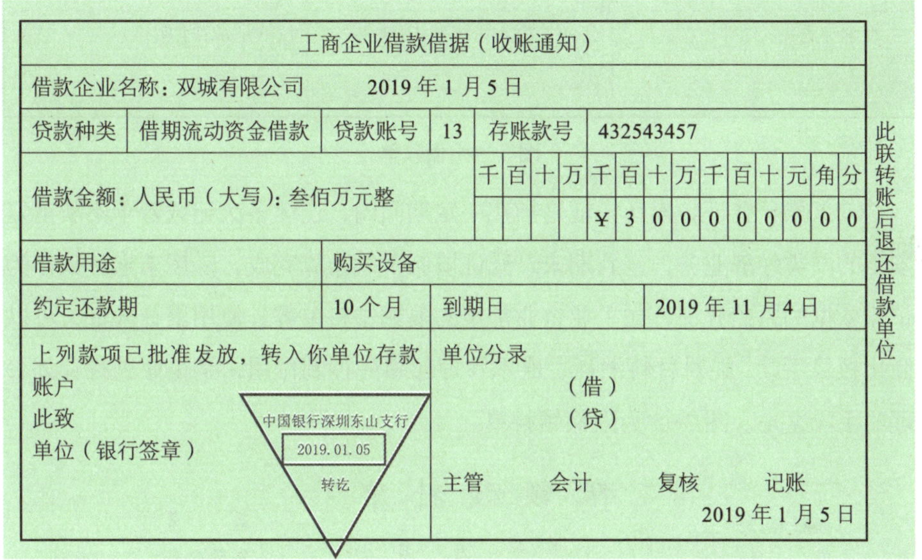

工商企业借款借据（收账通知）

借款企业名称：双城有限公司　　2019 年 1 月 5 日

贷款种类	借期流动资金借款	贷款账号	13	存账款号	432543457

借款金额：人民币（大写）：叁佰万元整	千	百	十	万	千	百	十	万	千	百	十	元	角	分
					¥	3	0	0	0	0	0	0	0	0

借款用途	购买设备		
约定还款期	10 个月	到期日	2019 年 11 月 4 日

上列款项已批准发放，转入你单位存款账户
此致
单位（银行签章）
中国银行深圳东山支行 2019.01.05 转讫

单位分录
（借）
（贷）
主管　会计　复核　记账
2019 年 1 月 5 日

此联转账后退还借款单位

图 3-3 企业借款借据

2. 自制原始凭证

自制原始凭证是指在经济业务发生、执行或完成时，由本单位的经办人员自行填制的原始凭证，如收料单、领料单、产品入库单等。自制原始凭证按其填制手续不同，又可分为一次凭证、累计凭证、汇总原始凭证和记账编制凭证四种。

（1）一次凭证。一次凭证，是指只反映一项经济业务，或者同时反映若干项同类性质的经济业务，其填制手续是一次完成的会计凭证。如报销人员填制的、出纳人员据以付款的“报销凭单”等等，都是一次凭证。图 3-4 为借款单。

借款单

2019 年 1 月 26 日

资金性质：现金

借款单位：双城有限公司销售部		
借款理由：招待费		
借款数额：人民币（大写）壹仟元整　　　¥3 000.00		
本单位领导人意见：同意　章杰　2019 年 1 月 26 日		
主管领导意见：杨林	会计主管人员核批：王青	付款记录：季明

图 3-4　借款单

（2）累计凭证。累计凭证是指在一定期间内，连续多次记载若干不断重复发生的同类经济业务，直到期末，凭证填制手续才算完成，以期末累计数作为记账依据的原始凭证，如工业企业常用的限额领料单等。使用累计凭证，可以简化核算手续；能对材料消耗、成本管理起事先控制作用，是企业进行计划管理的手段之一。图 3-5 为限额领料单。

限 额 领 料 单

领料部门：　　　　　　　　　　　　　　　　第　　号

用　　途：　　　　　年　　月　　日　　　　发料仓库：

材料编号	材料名称规格	计量单位	计划投产量	单位消耗定额	领用限额	实发																			
						数量	单价									数量	单价								
							百	十	万	千	百	十	元	角	分		百	十	万	千	百	十	元	角	分

日期	领用			退料			限额结余数量
	数量	领用人	发料人	数量	退料人	收料人	

生产计划部门：　　　　　　供销部门：　　　　　　仓库：

图 3-5　累计原始凭证（限额领料单）

（3）汇总原始凭证。汇总原始凭证是指在会计核算工作中，为简化记账凭证的编制工作，将一定时期内若干份记录同类经济业务的原始凭证按照一定的管理要求汇总编制一张汇总凭证，用以集中反映某项经济业务总括发生情况的会计凭证，如“发料凭证汇总表”“收料凭证汇总表”“现金收入汇总表”等都是汇总原始凭证。表 3-3 为工程材料费用分配表。

表 3-3 工程施工材料费用分配表

单位：万元

工程成本计算对象	主要材料						结构件	其他材料	周转材料摊销	合计
	钢材	水泥	沙子	砾石	其他	合计				
主体工程	150	65	8	4.4	2	229.4	12	6.6	4	252
配套工程	140	34	5	2.8	1.5	183.3	7.7	3	1	195
合计	290	99	13	7.2	3.5	412.7	19.7	9.6	5	447

（4）记账编制凭证。记账编制凭证是根据账簿记录和经济业务的需要编制的一种自制原始凭证。例如在计算产品成本时，编制的“制造费用分配表”就是根据制造费用明细账记录的数字按费用的用途填制的。表 3-4 为发料凭证汇总表。

表 3-4 发料凭证汇总表

2019 年 1 月 31 日

日期	领料单张数	贷方科目	借方科目				合计
			生产成本		制造费用	管理费用	
			甲材料	乙材料			
1-10	20	原材料	69 000	21 000	54 000	12 000	156 000
11-20	16	原材料	110 000	89 000	61 200	22 900	283 100
21-31	22	原材料	130 000	160 000	42 500	32 000	364 500
合计	58		309 000	270 000	157 700	66 900	803 600

3.2.3 原始凭证的填制

原始凭证填制的依据和填制的人员有三种：以实际发生或完成的经济业务为依据，由经办业务人员直接填制，如“入库单”“出库单”等；以账簿记录为依据，由会计人员加工整理计算填制，如各种记账编制凭证；以若干张反映同类经济业务的原始凭证为依据，定期汇总后，填制汇总原始凭证，填制人员可能是业务经办人也可能是会计人员。

1. 原始凭证的填制要求

（1）记录要真实。

原始凭证所填列的经济业务内容和数字，必须真实可靠，符合实际情况。

（2）内容要完整。

原始凭证所要求填列的项目必须逐项填列齐全，不得遗漏和省略。

（3）手续要完备。

单位自制的原始凭证必须有经办单位领导人或者其他指定的人员签名盖章；对外开出的原始凭证必须加盖本单位公章；从外部取得的原始凭证，必须盖有填制单位的公章；从个人取得的原始凭证，必须有填制人员的签名盖章。

（4）书写要清楚、规范。

2. 特殊的原始凭证

（1）原始凭证分割。

一张原始凭证所列的支出需要由两个以上单位共同负担时，应当由保存该原始凭证的单位开给其他应负担单位原始凭证分割单。收到原始凭证分割单的单位以分割单作为记账凭证的附件。原始凭证分割单必须具备原始凭证的基本内容：凭证名称、填制凭证日期、填制凭证单位名称或者填制人姓名、经办人的签名或者盖章、接受凭证单位名称、经济业务内容、数量、单价、金额和费用分摊情况等。原始凭证分割单见表 3-5。

表 3-5 原始凭证分割单

2019 年 1 月 11 日　　　　编号 34657

<table>
<tr><td colspan="2">接受单位名称</td><td colspan="2">高乐电子有限公司</td><td colspan="3">地址</td><td colspan="7">深圳福田区长杨路 11 号</td></tr>
<tr><td rowspan="2">原始凭证</td><td>单位名称</td><td colspan="2">连风制造有限公司</td><td colspan="3">地址</td><td colspan="7">广州市白云区解放路 121 号</td></tr>
<tr><td>名称</td><td>增值税发票</td><td>日期</td><td colspan="3">2019.1.11</td><td colspan="3">编号</td><td colspan="4">5436</td></tr>
<tr><td rowspan="2">总金额</td><td colspan="3" rowspan="2">人民币
（大写）叁拾伍万柒仟元整</td><td>千</td><td>百</td><td>十</td><td>万</td><td>千</td><td>百</td><td>十</td><td>元</td><td>角</td><td>分</td></tr>
<tr><td></td><td>¥</td><td>3</td><td>5</td><td>7</td><td>0</td><td>0</td><td>0</td><td>0</td><td>0</td></tr>
</table>

续上表

<table>
<tr><td rowspan="2">分割金额</td><td colspan="2" rowspan="2">人民币
（大写）壹拾柒万捌仟伍佰元整</td><td>千</td><td>百</td><td>十</td><td>万</td><td>千</td><td>百</td><td>十</td><td>元</td><td>角</td><td>分</td></tr>
<tr><td></td><td>¥</td><td>1</td><td>7</td><td>8</td><td>5</td><td>0</td><td>0</td><td>0</td><td>0</td></tr>
<tr><td colspan="2">原始凭证主要内容，分割原因</td><td colspan="11">双方共同购买</td></tr>
<tr><td colspan="2">备注</td><td colspan="11"></td></tr>
</table>

（2）原始单据遗失。

从外单位取得的原始凭证如有遗失，应当取得原开出单位盖有公章的证明，并注明原来凭证的号码、金额和内容等，对方原始单据存根的复印件（加盖对方财务公章），由经办单位会计机构负责人、会计主管人员和单位领导人批准后，才能代作原始凭证，见表3-6。

表3-6　无据支付证明单

单位名称：　　　　　　　　　　　　　年　月　日

<table>
<tr><th>项目</th><th colspan="2">用途</th><th>计量单位</th><th>数量</th><th>单价</th><th>金额</th><th>无据原因</th></tr>
<tr><td></td><td colspan="2"></td><td></td><td></td><td></td><td></td><td></td></tr>
<tr><td></td><td colspan="2"></td><td></td><td></td><td></td><td></td><td></td></tr>
<tr><td></td><td colspan="2"></td><td></td><td></td><td></td><td></td><td></td></tr>
<tr><td colspan="7">金额合计（大写）　　　　　　　　　小写</td><td></td></tr>
<tr><td colspan="2">经手人：</td><td colspan="2">证明人：</td><td></td><td colspan="2">领款人及地址：</td><td></td></tr>
</table>

单位负责人：　　　财务负责人：　　　审核：　　　附：有关证明材料__份

如果确实无法取得证明的，如火车、轮船、飞机票等凭证，由当事人写出详细情况，由经办单位会计机构负责人、会计主管人员和单位领导人批准后，代作原始凭证。

3. 原始凭证的整理

（1）原始凭证进行粘贴时，必须使用统一印制的单据粘贴单汇总相关单据。单据粘贴单如图3-6所示。

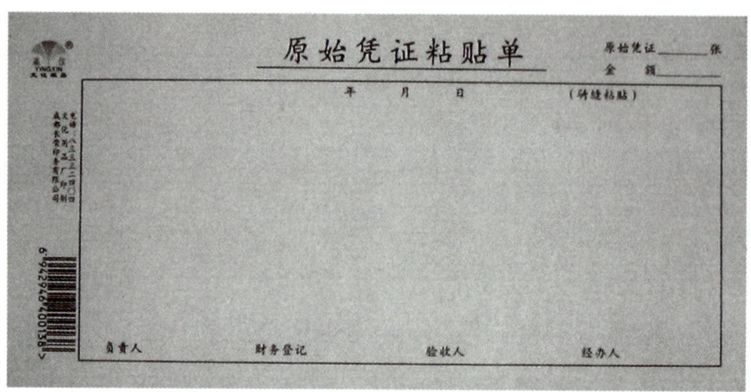

原始凭证粘贴单

原始凭证______张
金　额______

年　月　日　　（骑缝粘贴）

负责人　财务登记　验收人　经办人

图 3-6　原始凭证粘贴单

（2）原始凭证应按照末级会计科目（如办公费、招待费等）进行分类整理，同类末级会计科目的原始凭证应粘贴在一起。

（3）同类原始凭证如果数量较多，大小不一，应按凭证规格的大小进行分类，同一张单据粘贴单上所粘贴的凭证尽量保持大小一致。每张单据粘贴单所粘贴的凭证不得过多，规格较大的凭证（如购物发票等）可粘贴 2~6 张；规格较小的凭证（如停车费、过路过桥费、定额餐饮发票等）可粘贴 8~10 张。

（4）在单据粘贴单上粘贴凭证时，应由上而下、自左至右、均匀排列粘贴，上下及右方不得超出粘贴线，两列之间不得重叠、留空或大量累压粘贴。原始凭证应保持原样粘贴。个别规格参差不齐的凭证，可先裁边整理后再行粘贴，但必须保证原始凭证内容的完整性。

（5）对于规格较大、纸质较硬的原始凭证（如证明文件），要分张折叠，规格大小要与单据粘贴单的规格保持一致。

（6）原始凭证粘贴完毕，需将凭证张数、合计金额填列完整。

（7）出差报销凭证（如住宿费、过路过桥费、车船票等），均应使用差旅费报销汇总单做封面。粘贴时，应先将凭证粘贴在单据粘贴单上，然后加贴差旅费报销汇总单，不得直接在差旅费报销汇总单的背面粘贴报销凭证。出差期间因工作需要支出的接待费凭证需单独粘贴，不得混同于差旅费报销。差费报销单如图 3-7 所示。

差旅费报销单

单位名称：　　　　出差起止日期由　年　月　日至　年　月　日

出差人姓名:			出差地点:			出差天数:		事由:	
飞机车船及住宿	种类	票据张数	金额	出差补助费	出差地点	天数	标准	金额	报销结算情况
	火车票								
	市内汽车费								
	住宿费								
	其他车补								
	长途汽车费								说明 审批人　支领人 （签名）
	小计								年　月　日
合计金额	大写:					¥			

图 3-7　差旅费报销单

（8）原始凭证应使用优质胶水进行粘贴，以保证凭证的粘贴效果，粘贴凭证如果数量较多、厚度较高，应在粘贴线外加粘贴条，粘贴好后及时用重物压平，以防褶皱、膨松，确保凭证整体平整。

（9）过宽过长的附件，应进行纵向和横向的折叠。折叠后的附件外形尺寸，不应长于或宽于记账凭证，同时还要便于翻阅；附件本身不必保留的部分可以裁掉，但不得因此影响原始凭证内容的完整；过窄过短的附件，不能直接装订时，应进行必要的加工后再粘贴于特制的原始凭证粘贴纸上，然后再装订粘贴纸。

3.2.4 原始凭证的审核

原始凭证的审核包括表 3-7 所示内容。

表 3-7　原始凭证的审核

审核内容	审核事项
审核发票的票面	仔细查看是否有涂改的痕迹，防止把无关的发票拿来报销，或者将小数改大数
审核出具发票的单位名称	①与本单位有无经济业务关系 ②发票名称与经济内容是否相符 ③发票内容与售货单位的经营范围是否吻合
审核发票的抬头	查看所填单位名称是否为本单位，防止把私人或者其他单位的购货发票拿来报销

续上表

审核内容	审核事项
审核发票的数字	检查数量乘以单价是否等于总金额；大小写金额是否一致；小写金额前面是否有“￥”字样，大写金额前面是否顶格等
审核发票所开出物品的价格	检查与以往所购物品是否相同，如果相差过大，应查明原因
审核发票的编号	检查有无连号现象，防止把别人的发票拿来报销
审核发票的开出时间	①检查是否有同一经济内容、同一金额的发票在相近时间内出现，防止重复报账 ②检查发票之间在时间和内容上的内在联系，如购买大件商品与其运费发生的时间是否前后相距太远等
审核发票的印章	①检查有无税务部门的监制章 ②检查有无售货单位的财务专用章或发票专用章 ③检查有无经手人签章。只有印章齐全，才能报销
审核发票的备注	检查备注栏有何规定，如有无“违章罚款，不得报销”“滋补药品、费用自理”等字样
审核发票的背面	发票背面虽然没有内容，但由于发票基本上都是用复写纸写的，因而背面一般应有复写的痕迹，如果没有，应特别注意
审核发票的印制日期	按照规定，开具发票的单位每年度都应从税务部门领取本年度版本的发票，即便是可使用上一年度版本的发票，按规定也不宜时间跨度太长
审核发票的报销手续	检查有无经手人、验收人、批准人签字，如没有，应先补齐手续

小贴示

发票监制章迎来新变化

根据《国家税务总局关于税务机构改革有关事项的公告》(国家税务总局公告2018年第32号)规定：新税务机构挂牌后，启用新的税收票证式样和发票监制章。

1. 新版普通发票监制章式样

新启用的发票监制章形状为椭圆型：长轴为30mm，短轴为20mm，边宽为1mm，内环加刻一条细线，上环刻制“全国统一发票监制章”字样，中间刻制“国家税务总局”字样，下环刻制“××省(区、市)税务局”字样。例如：“江苏省税务局”“上海市税务局”“内蒙古自治区税务局”“新疆维吾尔自治区税务局”。字体为楷体7磅，印色为大红色。

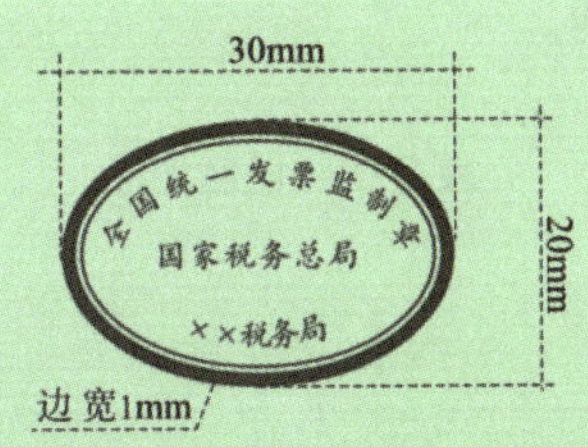

2. 适用范围

新版普通发票监制章适用电子普通发票。

3. 启用时间

2018年12月31日以后，开始启用全新的发票监制章。纳税人自建电子发票服务平台和第三方电子发票服务平台的升级工作，应当于2018年12月31日前完成。

3.3 记账凭证

记账凭证又称记账凭单，或分录凭单，是会计人员根据审核无误的原始凭证按照经济业务事项的内容加以归类，并据以确定会计分录后所填制的会计凭证。

3.3.1 记账凭证分类

记账凭证按其适用的经济业务，分为专用记账凭证和通用记账凭证两类。

1. 专用记账凭证

专用记账凭证用来专门记录某一类经济业务的记账凭证。专用凭证按其所记录的经济业务与现金和银行存款的收付有无关系，又分为收款凭证、付款凭证和转账凭证三种。

（1）收款凭证：用于记录库存现金和银行存款收款业务的会计凭证。它是根据有关现金和银行存款收入业务的原始凭证填制，是登记现金日记账、银行存款日记账以及有关明细账和总账等账簿的依据，也是出纳人员收讫款项的依据。

收款凭证样式见表3-8。

表3-8 收款凭证

总号____

借方科目：　　　　　年　月　日　　　　收字第____号

摘要	贷方科目		账页	金额								
	一级科目	二级或明细科目		百	十	万	千	百	十	元	角	分
合计												

会计主管：　　记账：　　出纳：　　审核：　　填制：

（2）付款凭证：用于记录库存现金和银行存款付款业务的会计凭证。它是根据有关现金和银行存款支付业务的原始凭证填制，是登记现金日记账、银行存款日记账以及有关明细账和总账等账簿的依据，也是出纳人员付讫款项的依据。

付款凭证样式见表3-9。

表3-9 付款凭证

总号____

贷方科目：　　　　　年　月　日　　　　付字第____号

摘要	借方科目		账页	金额								
	一级科目	二级或明细科目		百	十	万	千	百	十	元	角	分
合计												

会计主管：　　记账：　　出纳：　　审核：　　填制：

（3）转账凭证：用于记录不涉及库存现金和银行存款业务的会计凭证。它是根据有关转账业务的原始凭证填制。转账凭证是登记总分类账及有关明细分类账的依据。

转账凭证样式见表 3-10。

表 3-10 转账凭证

总号____
年 月 日 转字第____号

摘要	一级科目	二级或明细科目	账页	借方金额									贷方金额								
				百	十	万	千	百	十	元	角	分	百	十	万	千	百	十	元	角	分
合计																					

会计主管： 记账： 出纳： 审核： 填制：

2. 通用记账凭证

通用记账凭证用来记录各种经济业务的记账凭证。

在经济业务比较简单的经济单位，为了简化凭证可以使用通用记账凭证，记录所发生的各种经济业务，见表 3-11。

表 3-11 通用记账凭证

年 月 日 字第 号

摘 要	会计科目	明细科目	✓	借方金额									✓	贷方金额								
				千	百	十	万	千	百	十	元	角	分	千	百	十	万	千	百	十	元	角分
合 计																						

附单据 张

财务主管 记账 出纳 审核 制单

记账凭证按其包括的会计科目是否单一，分为复式记账凭证和单式记账凭证两类。

（1）复式凭证：将每一笔经济业务事项所涉及的全部会计科目及其发生额

均在同一张记账凭证中反映的一种凭证。

优点：可以集中反映一项经济业务的科目对应关系，便于了解有关经济业务的全貌，减少凭证数量节约纸张等。

缺点：不便于汇总计算每一个会计科目的发生额。

（2）单式凭证：每一张记账凭证只填列经济业务事项所涉及的一个会计科目及其金额的记账凭证，见表 3-12、表 3-13。

表 3-12 借项记账凭证

对应科目：累计折旧　　2019 年 1 月 12 日　　第 012 号

摘 要	一级科目	二级科目	金 额	过 账
计提 TX 电梯折旧	管理费用	折旧费	12 000	√
合计			¥12 000	

附件共 2 张

会计主管：王青　记账：薛冰　出纳：季明　审核：杨子羲　填制：李佳

表 3-13 贷项记账凭证

对应科目：管理费用　　2019 年 1 月 12 日　　第 012 号

摘 要	一级科目	二级科目	金 额	过 账
计提 TX 电梯折旧	累计折旧	TX 电梯	12 000	√
合计			¥12 000	

附件共 2 张

会计主管：王青　记账：薛冰　出纳：季明　审核：杨子羲　填制：李佳

优点：内容单一，便于汇总计算每一会计科目的发生额，便于分工记账。

缺点：制证工作量大，且不能在一张凭证上反映经济业务的全貌，内容分散，也不便于查账。

3. 按照是否汇总分类

记账凭证按其是否经过汇总，可以分为汇总记账凭证和非汇总记账凭证。

（1）汇总记账凭证。

汇总记账凭证是根据同类记账凭证定期加以汇总而重新编制的记账凭证，

目的是为了简化登记总分类账的手续。汇总的记账凭证根据汇总方法的不同，可分为分类汇总和全部汇总两种。

（2）非汇总记账凭证。

非汇总记账凭证。是没有经过汇总的记账凭证，前面介绍的收款凭证、付款凭证和转账凭证以及通用记账凭证都是非汇总记账凭证。

3.3.2 记账凭证的编制

记账凭证应具备的基本内容如下：

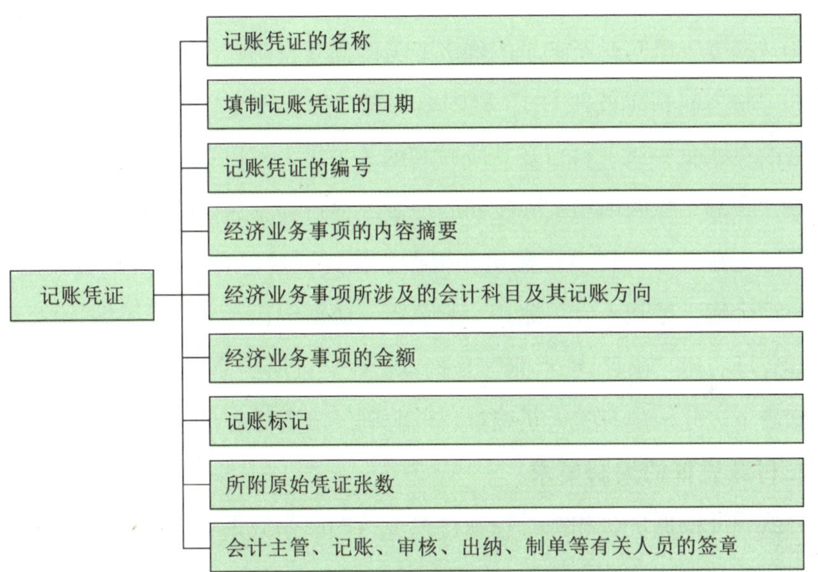

如果单位采用分类记账凭证，可将记账凭证分为“现收字第 × 号”“现付字第 × 号”“银收字第 × 号”“银付字第 × 号”“转字第 × 号”5种进行流水顺序编号，但出纳人员所涉及的凭证不包括转字。如果单位采用通用记账凭证，则可以将所有的记账凭证统一编号，注明“总字第 ×× 号”。

记账凭证张数的计算一般以原始凭证的自然张数为准，经过汇总的原始凭证，每一张汇总表算一张。

涉及现金和银行存款的转存业务，只填制一张付款凭证。

1. 收款凭证的编制要求

收款凭证根据现金和银行存款收款业务的原始凭证填制。凡是涉及增加现金或者银行存款账户的金额的，都必须填制收款凭证。

①收款凭证左上方的“借方科目（或账户）”，应填写“库存现金”或“银行存款”；右上方应填写凭证编号。收款凭证的编号一般按“现收 × 号”和“银收 × 号”分类，业务量少的单位也可不分“现收”与“银收”、而按收款业务发生的先后顺序统一编号，如“收字 × 号”。

②日期填写的是编制本凭证的日期；

③右上角填写编制收款凭证的顺序号；

④“摘要”填写对所记录的经济业务的简要说明；

⑤“贷方科目（或账户）”栏内填写与“库存现金”或“银行存款”科目相对应的总账（一级）科目及其所属明细（二级）科目；

⑥“金额”栏内填写实际收到的现金或银行存款数额；

⑦“记账符号”栏供记账员在根据收款凭证登记有关账簿以后做记号用，表示该项金额已经记入有关账户，避免重记或漏记；

⑧凭证右边“附件 ×× 张”是指本记账凭证所附原始凭证的张数；

⑨最下边分别由有关人员签章，以明确经济责任。

2. 付款凭证的编制要求

付款凭证根据现金和银行存款付款业务的原始凭证填制。凡是涉及减少现金或者银行存款账户的金额的，都必须填制付款凭证。对于只涉及“库存现金”与“银行存款”这两个账户的业务，如从银行存款中提取现金或以现金存入银行等，只需填制付款凭证，不再填制收款凭证，以免重复记账。

付款凭证的填制方法和要求与收款凭证基本相同，不同的只是在付款凭证的左上方应填列贷方科目（或账户），因为现金和银行存款的减少应记账户的贷方；付款凭证的对应科目为“借方科目（或账户）”，需填写与现金或银行存款支出业务有关的总账（一级）科目和明细（二级）科目。

3. 转账凭证的编制要求

转账凭证根据不涉及现金和银行存款收付的转账业务的原始凭证填制。凡是不涉及现金和银行存款增加或减少的业务，都必须填制转账凭证。

转账凭证将经济业务事项中所涉及全部会计科目，按照先借后贷的顺序记入“会计科目”栏中的“一级科目”和“二级及明细科目”，并按应借、应贷方向分别记入“借方金额”或“贷方金额”栏。其他项目的填列与收、付款凭证相同。

4. 通用记账凭证的填制要求。

通用记账凭证的名称为“记账凭证”或“记账凭单”。它集收款、付款和转账凭证于一身，通用于收款、付款和转账等各种类型的经济业务。其格式及填制方法与转账凭证完全相同。

5. 汇总记账凭证的填制要求

（1）汇总收款凭证的填制。汇总收款凭证根据现金或银行存款的收款凭证，按现金或银行存款科目的借方分别设置，并按贷方科目加以归类汇总，定期（5天或10天）填列一次，每月编制一张。月份终了，计算出汇总收款凭证的合计数后，分别登记现金或银行存款总账的借方，以及各个对应账户的贷方。

（2）汇总付款凭证的填制。汇总付款凭证根据现金或银行存款的付款凭证，按现金或银行存款科目的贷方分别设置，并按借方科目加以归类汇总，定期（5天或10天）填列一次，每月编制一张。月份终了，计算出汇总付款凭证的合计数后，分别登记现金或银行存款总账的贷方，以及各个对应账户的借方。

（3）汇总转账凭证的填制。汇总转账凭证根据转账凭证按每个科目的贷方分别设置，并按对应的借方科目归类汇总，定期（5天或10天）填列一次，每月编制一张。月份终了，计算出汇总转账凭证的合计数后，分别登记各有关总账的贷方或借方。

（4）记账凭证汇总表的填制。根据记账凭证逐笔登记总账，如果工作量很大，可以先填制记账凭证汇总表，然后根据记账凭证汇总表登记总账。

3.3.3 记账凭证的附件

记账凭证的附件就是所附的原始凭证，填制记账凭证所依据的原始凭证必须附在相应的记账凭证后面，并在记账凭证上标明所附原始凭证的张数。

1. 附件说明

根据财政部《会计基础工作规范》第五十一条规定，对附件应当区别不同情况进行处理：

（1）一张原始凭证只对应一张记账凭证的，将原始凭证直接附在记账凭证后面；

（2）结账的记账凭证、更正错误的记账凭证可以不附原始凭证；

（3）一张原始凭证涉及几张记账凭证的，有两种方法可以使用：

①将原始凭证附在一张主要的记账凭证后面，然后在其他记账凭证上注明附有该原始凭证的记账凭证的编号，便于查找；

②将原始凭证附在一张主要的记账凭证后面，然后在其他记账凭证后面附该原始凭证的复印件；

（4）一张原始凭证所列支的费用需要几个单位共同负担的，该原始凭证由本单位保留，附在本单位的有关记账凭证后面，给共同负担费用的其他单位开出原始凭证分割单，供其结算使用。

2. 附件张数的计算

原始凭证附件张数应区分以下几种情况，分别计算原始凭证的张数：

（1）对能全面反映每笔经济业务活动情况的原始凭证，应按自然张数计算；

（2）对不能全面反映每笔经济业务活动情况，需要附件进行补充和说明的，应在原始凭证上注明附件张数，并将其粘贴在一起，附件不计入原始凭证张数；

（3）对某类或某些原始凭证利用自制封面已进行汇总的，如差旅费报销单、支出汇总审批单等，其封面已对所反映的经济业务活动综合说明，对所附凭证张数也已注明，所以，它们应作为一张原始凭证计算。

3.3.4 记账凭证的审核

记账凭证是登记账簿的依据，为了保证账簿登记的正确性，所有填制好的记账凭证，都必须经过其他会计人员认真的审核。在审核记账凭证的过程中，如发现记账凭证填制有误，应当按照规定的方法及时加以更正。只有经过审核无误后记账凭证，才能作为登记账簿的依据。

（1）填制凭证的日期是否正确：收款凭证和付款凭证的填制日期是否是货币资金的实际收入日期、实际付出日期；转账凭证的填制日期是否是收到原始凭证的日期或者是编制记账凭证的日期。

（2）凭证是否编号，编号是否正确。

（3）经济业务摘要是否正确地反映了经济业务的基本内容。

（4）会计科目的使用是否正确；总账科目和明细科目是否填列齐全。

（5）记账凭证所列金额计算是否准确，书写是否清楚、符合要求。

（6）所附原始凭证的张数与记账凭证上填写的所附原始凭证的张数是否相符。

（7）填制凭证人员、稽核人员、记账人员、会计机构负责人、会计主管人员的签名或盖章是否齐全。

3.4 会计摘要的书写

会计凭证中有关经济业务的内容摘要必须真实。在填写“摘要”时，既要简明，又要全面、清楚，应以说明问题为主。写物要有品名、数量、单价；写事要有过程；银行结算凭证，要注明支票号码、去向；送存款项，要注明现金、支票、汇票等。遇有冲转业务，不应只写冲转，应写明冲转某年、某月、某日、某项经济业务和凭证号码，也不能只写对方科目。要求“摘要”能够正确地、完整地反映经济活动和资金变化的来龙去脉，切忌含糊不清。

【例3-1】 双城有限公司的一张银行存款付出凭证上的会计分录，见表3-14。

借：管理费用　　　　4 200

　　贷：银行存款　　　　4 200

表 3-14　付款凭证

附件：2 张

贷方科目：银行存款　　2019 年 1 月 8 日　　银付字第 007 号

摘要	借方科目		账页	金额								
	一级科目	二级或明细科目		百	十	万	千	百	十	元	角	分
	管理费用	培训费					4	2	0	0	0	0
合计						¥	4	2	0	0	0	0

会计主管：王青　记账：薛冰　出纳：季明　审核：杨子羲　填制：李佳

由于没有在该凭证上填写摘要，因此，该凭证所反映的经济业务内容就很不明确了。若想分清是哪笔业务，只能去阅读所附的原始凭证。

正确的填制方法见表 3-15。

表 3-15　付款凭证

附件：2 张

贷方科目：银行存款　　2019 年 1 月 8 日　　银付字第 007 号

摘要	借方科目		账页	金额								
	一级科目	二级或明细科目		百	十	万	千	百	十	元	角	分
支付行管部员工培训费 4 200 元	管理费用	培训费					4	2	0	0	0	0
合计						¥	4	2	0	0	0	0

会计主管：王青　记账：薛冰　出纳：季明　审核：杨子羲　填制：李佳

【例 3-2】 下面是双城有限公司的一笔现金收入的会计分录，见表 3-16。

借：库存现金　　　　13 450

　　贷：其他应收款　　　　13 450

表 3-16　收款凭证

附件：3 张

借方科目：库存现金　　2019 年 1 月 5 日　　现收字第 002 号

摘要	贷方科目		账页	金额								
	一级科目	二级或明细科目		百	十	万	千	百	十	元	角	分
签发支票从银行提取现金 134 500 元	银行存款				1	3	4	5	0	0	0	0
合计				¥	1	3	4	5	0	0	0	0

会计主管：肖丽　　记账：张子非　　出纳：侯明　　审核：杨东　　填制：

这张凭证没有写明是哪笔业务，所以不能明确现金的来源，因此，为了说明现金来源，就必须补上摘要。

【例 3-3】 12 月 31 日，按税后利润的 10%，计算提取法定盈余公积金 9 876.24 元，见表 3-17。

表 3-17　利润分配计算表

2019 年 1 月 31 日

净利润	提取比例	法定盈余公积金
98 762.4	10%	9 876.24

按税后利润的 20%，应付投资者利润 19 752.48 元。利润分配计算表见表 3-18。

表 3-18　利润分配计算表

2019 年 1 月 31 日

净利润	提取比例	应付投资者利润
98 762.4	20%	19 752.48

根据上述业务，编制会计凭证见表 3-19。

表 3-19　转账凭证

2019 年 1 月 31 日　　　　　　　　转字第 08 号

摘要	一级科目	二级或明细科目	账页	借方金额									贷方金额								
				百	十	万	千	百	十	元	角	分	百	十	万	千	百	十	元	角	分
	利润分配					2	9	6	2	8	7	2									
	盈余公积	法定盈余公积														9	8	7	6	2	4
	应付股利	应付投资者利润													1	9	7	5	2	4	8
合计						2	9	6	2	8	7	2			2	9	6	2	8	7	2

借：利润分配　　　　　　　　　　　　29 628.72

　贷：盈余公积——法定盈余公积　　　　9 876.24

　　应付股利——应付投资者利润　　　19 752.48

这一转账凭证反映了该企业对净利润的分配状况。会计分录上虽然能够指明其借贷对应科目和经济业务的内容及其金额，但是却没有指明是如何计算出来的。

正确填写方法，见表 3-20。

表 3-20　转账凭证

总号 04

2019 年 1 月 31 日　　　　　　　　转字第 08 号

摘要	一级科目	二级或明细科目	账页	借方金额									贷方金额								
				百	十	万	千	百	十	元	角	分	百	十	万	千	百	十	元	角	分
1 月利润分配结转：法定盈余公积 =98 762.4 × 10 % =9 876.24 元，应付股利 =98 762.4 × 20% =19 752.48 元	利润分配		√			2	9	6	2	8	7	2									
	盈余公积	法定盈余公积	√													9	8	7	6	2	4
	应付股利	应付投资者利润	√												1	9	7	5	2	4	8
合计					¥	2	9	6	2	8	7	2		¥	2	9	6	2	8	7	2

对于复合经济业务的摘要文字比较长的问题，会计人员还可以分别采用以下办法进行处理：

在摘要栏里写上“结转 × 月利润分配”，将计算过程（算式）编制一张转账工作底稿作为附件，附在该张记账凭证之后作为摘要内容的补充。

3.5 银行结算账户如何开立

企业通过银行办理转账结算，首先应到银行开立账户。银行账户是各单位为办理结算和申请贷款在银行开立的户头，也是委托银行办理信贷和转账结算以及现金业务的工具。

根据《银行账户管理办法》，银行账户分为基本存款账户、一般存款账户、临时存款账户和专用存款账户，上述各类账户均有不同的设置和开户条件。

3.5.1 银行账户管理的基本原则

根据《银行账户管理办法》的规定，银行账户管理遵守以下基本原则：

一个基本账户原则	• 即存款人只能在银行开立一个基本存款账户，不能多头开立基本存款账户。存款人在银行开立基本存款账户，实行由中国人民银行当地分支机构核发开户许可制
自愿选择原则	• 即存款人可以自主选择银行开立账户，银行也可以自愿选择存款人开立账户。任何单位和个人不得强制干预存款人和银行开立或使用账户
存款保密原则	• 即银行必须依法为存款人保密，维护存款人资金的自主支配权。除国家法律规定和国务院授权中国人民银行总行的监督项目外，银行不代任何单位和个人查询、冻结、扣划存款人账户内存款

3.5.2 怎样开设基本存款账户

基本存款账户是指存款人办理日常转账结算和现金收付的账户。存款人的工资、奖金等现金的支取，只能通过本账户办理。

（1）基本存款账户的当事人资格条件。根据《银行账户管理办法》的规定，下列存款人可以申请开立基本存款账户：

①企业法人；

②企业法人内部单独核算的单位；

③管理财政预算资金和预算外资金的财政部门；

④实行财政管理的行政机关、事业单位；

⑤县级（含）以上军队、武警单位；

⑥外国驻华机构；

⑦社会团体；

⑧单位附设的食堂、招待所、幼儿园；

⑨外地常设机构；

⑩私营企业、个体经济户、承包户和个人。

开立基本存款账户申请资料如下：

1 •“开立单位银行结算账户申请书”一式三份

2 •营业执照正本原件及复印件2份；税务登记证正本原件及复印件2份（一般为正本）

3 •税务登记证原件及复印件

4 •组织机构代码证书原件及复印件

5 •法定代表人或单位负责人的身份原件及复印件

6 •法定代表人或单位负责人授权书

7 •经办人身份证原件及复印件

8 •转户重开的还需“已经开立银行结算账户清单”

（2）基本存款账户开立的程序。

存款人申请开立基本存款账户的，应填制开户申请书，提供规定的证件。

送交盖有存款人印章的印鉴卡片，经银行审核同意、并凭中国人民银行当地分支机构核发的开户许可证，即可开立该账户。

需要特别说明的是，印鉴卡片上填写的户名必须与单位名称一致，同时要加盖开户单位公章、单位负责人或财务机构负责人、出纳人员三颗图章。它是单位与银行事先约定的一种具有法律效力的付款依据，银行在为单位办理结算业务时，凭开户单位在印鉴卡片上预留的印鉴审核支付凭证的真伪。如果支付凭证上加盖的印章与预留的印鉴不符，银行就可以拒绝办理付款业务，以保障开户单位款项的安全。

银行结算账户开立的一般程序如下：

（1）填写开户申请书见表3-21。

（2）银行对开户申请书进行真实性、完整性、合法性的审查。符合开立条件的，银行应于开户之日起5个工作日内向中国人民银行当地分行备案。

表3-21　开立单位银行结算账户申请书

<table>
<tr><td>存款人</td><td colspan="2">双城有限公司</td><td>电话</td><td>0755-88205129</td></tr>
<tr><td>地址</td><td colspan="2">深圳市福田区东山大街221号</td><td>邮编</td><td></td></tr>
<tr><td>存款人类别</td><td>企业法人</td><td>统一社会信用代码</td><td colspan="2">462342058099754123K</td></tr>
<tr><td rowspan="2">法定代表人（√）
单位负责人（ ）</td><td>姓名</td><td colspan="3">张扬</td></tr>
<tr><td>证件种类</td><td>身份证</td><td colspan="2">348659196977574354</td></tr>
<tr><td>行业分类</td><td colspan="4">A（ ）B（ ）C（ ）D（√）E（ ）F（ ）G（ ）H（ ）I（ ）J（ ）
K（ ）L（ ）M（ ）N（ ）O（ ）P（ ）Q（ ）R（ ）S（ ）T（ ）</td></tr>
<tr><td>注册资金</td><td>5 000 000元</td><td>地区代码</td><td colspan="2">4532</td></tr>
<tr><td>经营范围</td><td colspan="4">商品批发</td></tr>
<tr><td rowspan="2">证明文件种类</td><td>统一社会信用代码</td><td rowspan="2">证明文件编号</td><td colspan="2">1514273</td></tr>
<tr><td></td><td colspan="2"></td></tr>
<tr><td>税务登记证编号
（国税或地税）</td><td colspan="4">商业有限公司068666675</td></tr>
<tr><td>关联企业</td><td colspan="4">关联企业信息填列在“关联企业登记表”上</td></tr>
<tr><td>账户性质</td><td colspan="4">基本（√）一般（ ）专用（ ）临时（ ）</td></tr>
<tr><td>资金性质</td><td></td><td>有效日期至</td><td colspan="2">年 月 日</td></tr>
</table>

以下为存款人上级法人或主管单位信息：

上级法人或主管单位名称			
基本存款账户开户许可证核准号		组织机构代码	
法定代表人（√） 单位负责人（ ）	姓名	张扬	
	证件种类	身份证	
	证件号码	348659196977574354	

以下栏目由开户银行审核后填写：

开户银行名称		开户银行机构代码	
账户名称		账号	
基本存款账户开户许可证核准号		开户日期	
本存款人申请开立单位银行结算账户，并承诺所提供的开户资料真实、有效。 存款人（公章） 2019年1月1日	开户银行审核意见： 经办人（签章） 存款人（签章） 年 月 日	人民银行审核意见： 经办人（签章） 人民银行（签章） 年 月 日	

（3）银行与存款人签订银行结算账户管理协议，明确双方的权利与义务。

（4）银行建立存款人预留签章卡片，并将签章式样和有关证明文件的原件或复印件留存归档。预留银行印鉴卡见表3-22。

表3-22 存款人预留签章

企业名称	双城有限公司
统一社会信用代码	
预留银行印鉴	双城有限公司 财务专用章　蒋清　林梅
[提示]印鉴卡是单位与银行事先约定的一种具有法律效力的付款依据，银行在为单位办理结算业务时，凭开户单位在印鉴卡片上预留的印鉴审核支付凭证的真伪。如果支付凭证上加盖的印章与预留的印鉴不符，银行就可以拒绝办理付款业务，以保障开户单位款项的安全。	

3.5.3 怎样开设一般存款账户

一般存款账户是指存款人因借款或其他结算需要，在基本存款账户开户银行以外的银行营业机构开立的银行结算账户。

一般存款账户主要用于办理存款人借款转存、借款归还和其他结算的资金收付。一般存款账户可以办理现金缴存，但不得办理现金支取。

开立一般存款账户申请资料如下：

1 • 开立基本存款账户所需要的全部资料

2 • 基本存款账户开户许可证正本

3 • 存款人因向银行借款需要，应出具银行借款合同；存款人因其他结算需要，应出具相关证明

（1）一般存款账户设置的条件和所需证明文件。

根据《银行账户管理办法》的规定，下列情况的存款人可以申请开立一般存款账户，并须提供相应的证明文件：

①在基本存款账户以外的银行取得借款的单位和个人可以申请开立该账户，并须向开户银行出具借款合同或借款借据；

②与基本存款账户的存款人不在同一地点的附属非独立核算单位可以申请开立该账户，并须向开户银行出具基本存款账户的存款人同意其附属的非独立核算单位开户的证明。

（2）一般存款账户设置的程序。

存款人申请开立一般存款账户的，应填制开户申请书，提供相应的证明文件，送交盖有存款人印章的印鉴卡片，经银行审核同意后，即可开立该账户。

3.5.4 怎样开设临时存款账户

临时存款账户是指存款人因临时经营活动需要开立的账户。存款人可以通过该账户办理转账结算和根据国家现金管理规定办理现金收付。

（1）临时存款账户设置的条件和所需的证明文件。

根据《银行账户管理办法》的规定，下列存款人可以申请开立临时存款账户，并须提供相应的证明文件：

①外地临时机构可以申请开立该账户，并须出具当地工商行政管理机关核发的临时执照；

②临时经营活动需要的单位和个人可以申请开立该账户，并须出具当地有关部门同意设立外来临时机构的批件。

（2）临时存款账户开立的程序。

存款人申请开立临时存款账户，应填制开户申请书，提供相应的证明文件，送交盖有存款人印章的印鉴卡片，经银行审核同意后，即可开设此账户。

注意：临时存款账户有效期最长不得超过2年。

开立临时存款账户申请资料如下：

1. 开立基本存款账户所需要的全部资料
2. 基本存款账户开户许可证正本
3. 临时机构：驻在地主管部门同意设立临时机构的批文
4. 异地建筑施工及安装单位：营业执照正本或其隶属单位的营业执照正本，以及施工及安装地建设主管部门核发的许可证或建筑施工及安装合同
5. 异地从事临时经营活动单位：营业执照正本以及临时经营地工商行政管理部门批文

3.5.5 怎样开设专用存款账户

专用存款账户是指存款人按照法律、行政法规和规章，对有特定用途资金进行专项管理和使用而开立的银行结算账户。

专用存款账户适用于基本建设资金，更新改造资金，财政预算外资金，粮、棉、油收购资金，证券交易结算资金，期货交易保证金，信托基金，住房基金，社会保障基金，收入汇缴资金，业务支出资金等专项管理和使用的资金。

专用存款账户申请资料如下：

1 • 开立基本账户所需要的全部资料

2 • 基本存款账户开户许可证正本

3 • 按中国人民银行《账户管理办法 》第十九条规定的专用批文件
• 经有权部门批准立项的文件

4 • 应填制开户申请书，提供相应的证明文件，送交盖有存款人印章的印鉴卡片，经银行审核同意后开立账户

3.6 银行结算账户的变更

银行结算账户的变更是指存款人名称、单位法定代表人或主要负责人、住址以及其他开户资料发生的变更。

开户单位由于人事变动或其他原因需要变更单位财务专用章、财务主管印鉴或出纳员印鉴的，应填写“更换印鉴申请书”，并出具有关证明，经银行审查同意后，重新填写印鉴卡片，并注销原预留的印鉴卡片。

变更银行结算账户申请书，见表 3-23。

表 3-23　变更银行结算账户申请书

账户名称	双城有限公司		
开户银行机构代码	726523424	账　号	432543457
账户性质	基本（√）专用（ ）一般（ ）临时（ ）个人（ ）		
开户许可证核准号	354679		
变更事项及变更后内容如下：			
账户名称	基本存款账户		
地址	深圳市福田区东山大街 221 号		
邮政编码			
电话	0755-88205129		
注册资金金额	500 000 元		

续上表

证明文件种类		
证明文件编号		
经营范围		
法定代表人或单位负责人	姓名	李辰
	证件种类	身份证
	证件号码	124324197056574656
关联企业		变更后的关联企业信息填列在“关联企业登记表”中。
上级法人或主管单位的基本存款账户核准号		
上级法人或主管单位的名称		
上级法人或主管单位法定代表人或单位负责人	姓名	
	证件种类	
	证件号码	

本存款人申请变更上述银行账户内容，并承诺所提供的资料真实、有效。 （印章：××有限公司 财务专用章） 存款人（签章） 年 月 日	开户银行审核意见： 经办人（签章） 开户银行（签章） 年 月 日	人民银行审核意见： 经办人（签名） 人民银行（签章） 年 月 日

填表说明：

1. 存款人申请变更核准类银行结算账户的存款人名称、法定代表人或单位负责人的，中国人民银行当地分支行应当对存款人的变更申请进行审核并签署意见，并重新核发开户许可证。
2. 带括号的选项填“√”。
3. 本申请书一式三联，一联存款人留存，一联开户银行留存，一联中国人民银行当地分支行留存。

单位因某些原因需要变更账户名称，应向银行交验上级主管部门批准的正式函件，企业单位和个体工商户需交验工商行政管理部门登记注册的新执照，经银行审查核实后，变更账户名称，或者撤销原账户，重立新账户。

3.7 银行结算账户的撤销

银行结算账户的撤销是指存款人因开户资格或其他原因终止银行结算账户

使用的行为。

3.7.1 银行结算账户撤销的事由

存款人有以下情形之一的，应向开户银行提出撤销银行结算账户的申请：①被撤并、解散、宣告破产或关闭；②注销、被吊销营业执照；③因迁址需要变更开户银行；④其他原因需要撤销银行结算账户。

注意：存款人尚未清偿其开户银行债务的，不得申请撤销银行结算账户。

3.7.2 银行结算账户撤销的手续办理

一是存款人发生被撤并、解散、宣告破产或关闭，或被注销、被吊销营业执照等主体资格终止的，应于5个工作日内向开户银行提出撤销银行结算账户的申请。

二是因地址变更或其他原因需要办理银行结算账户撤销手续的，银行在收到存款人撤销银行结算账户的申请后，对于符合销户条件的，应当在2个工作日内办理撤销手续。

办理银行结算账户撤销手续过程中，应当注意以下事项：

一是未获得工商行政管理部门核准登记的单位，验资期满后，应向银行申请撤销注册验资临时存款账户，其账户资金应退还给原汇款人账户。

注册验资资金以现金方式存入，出资人需提取现金的，应出具缴存现金时的现金缴款单原件及其有效身份证件。

二是存款人尚未清偿其开户银行债务的，不得申请撤销该账户。

三是存款人撤销银行结算账户，必须与开户银行核对银行结算账户存款余额，交回各种重要空白票据及结算凭证和开户登记证，银行核对无误后方可办理销户手续。

四是银行撤销单位银行结算账户时应在其基本存款账户开户登记证上注明销户日期并签章，同时于撤销银行结算账户之日起2个工作日内，向中国人民银行报告。

五是存款人应撤销而未办理销户手续的单位银行结算账户或银行对一年未发生收付活动且未欠开户银行债务的单位银行结算账户，应通知单位自发出通知之日起 30 日内办理销户手续，逾期视同自愿销户，未划转款项列入久悬未取专户管理。表 3-24 为撤销银行结算账户申请书。

表 3-24 撤销银行结算账户申请书

账户名称	双城有限公司		
开户银行名称	中国银行深圳市东山支行		
开户银行代码	324435	账号	432543457
账户性质	基本（ ）一般（ ）专用（ ）临时（√）		
开户许可证核准号	47556		
销户原因	临时机构取消		
本存款人申请撤销上述银行账户，承诺所提供的证明文件真实、有效。 双城有限公司 财务专用章 2019 年 5 月 10 日		开户银行审核意见： 中国银行深圳东山支行 2019.05.10 收讫 经办人（签章） 开户银行（签章） 2019 年 5 月 10 日	

开户单位由于人事变动或其他原因需要变更单位财务专用章、财务主管印鉴或出纳员印鉴的，应填写“更换印鉴申请书”，并出具有关证明，经银行审查同意后，重新填写印鉴卡片，并注销原预留的印鉴卡片。

3.8 认一认银行结算票据

现行的银行结算票据包括：银行汇票、商业汇票、银行本票、支票、汇兑、委托收款、异地托收承付等。根据结算形式的不同，可以划分为票据结算和支付结算两大类；

根据结算地点的不同，可以划分为同城结算方式、异地结算方式和通用结算方式三大类。票据结算方式见表 3-25。

表 3-25 银行结算方式

<table>
<tr><th colspan="2">票据种类</th><th>同城结算</th><th>异地结算</th><th>通用结算</th></tr>
<tr><td colspan="2">银行汇票</td><td></td><td>√</td><td></td></tr>
<tr><td rowspan="2">商业汇票</td><td>商业承兑汇票</td><td></td><td></td><td>√</td></tr>
<tr><td>银行承兑汇票</td><td></td><td></td><td>√</td></tr>
<tr><td colspan="2">银行本票</td><td>√</td><td></td><td></td></tr>
<tr><td colspan="2">支票</td><td>√</td><td></td><td></td></tr>
<tr><td colspan="2">汇兑</td><td></td><td>√</td><td></td></tr>
<tr><td colspan="2">委托收款</td><td></td><td></td><td>√</td></tr>
<tr><td colspan="2">托收承付</td><td></td><td>√</td><td></td></tr>
</table>

3.8.1 办理银行结算的基本要求是什么

各单位办理银行结算，必须了解并遵守下列基本要求。

第一，各单位办理结算必须遵守国家法律、法规和银行结算办法的各项规定。

第二，各项经济往来，除了按照国家现金管理的规定可以使用现金以外，都必须办理转账结算。

第三，在银行开立账户的单位办理转账结算，账户内须有足够内资金保证支付。

第四，各单位办理结算必须使用银行统一规定的票据和结算凭证，并按照规定正确填写。

第五，银行、单位办理结算应遵守“恪守信用，履约付款，谁的钱进谁的账，由谁支配，银行不垫款”的结算原则。

第六，银行按照结算办法的规定审查票据和结算凭证。收付双方发生的经济纠纷应由其自行处理，或向仲裁机关、人民法院申请和解或裁决。

第七，银行依法为单位、个人的存款保密，维护其资金的自主支配权。

第八，各单位办理结算，必须严格遵守银行结算纪律，不准签发空头支票和远期支票，不准套取银行信用。

第九，各单位办理结算，由于填写结算凭证有误而影响资金使用，票据和印章丢失而造成资金损失的，由其自行负责。

3.8.2 什么是银行结算凭证

银行结算凭证，是收付款双方及银行办理转账结算的书面凭证。它是银行结算的重要组成内容，也是银行办理款项划拨、收付款单位和银行进行会计核算的依据。不同的结算方式，由于其适用范围、结算内容和结算程序不同，因而其结算凭证的格式、内容和联次等也各不相同。比如银行汇票结算方式的结算凭证包括银行汇票委托书、银行汇票、银行汇票挂失电报等，商业汇票结算方式的结算凭证包括商业承兑汇票、银行承兑汇票、银行承兑汇票协议、贴现凭证等等。这些基本内容概括起来主要有：

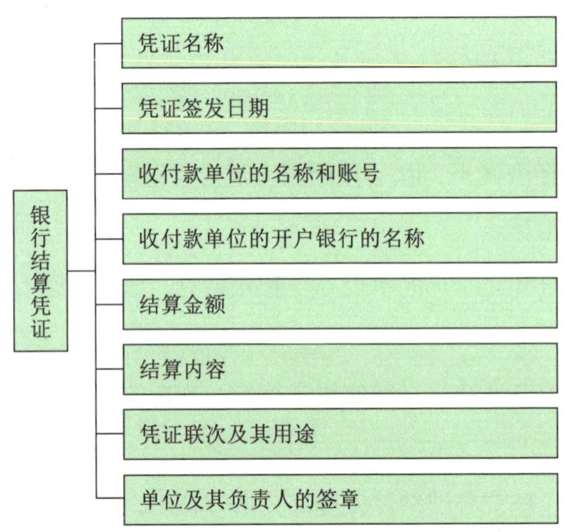

小贴示

单位和个人应该遵守的结算纪律的内容有哪些？

第一，不准套取银行信用，签发空头支票、印章与预留印鉴不符的支票和远期支票；

第二，不准无理拒付，任意占用卖方资金；

第三，不准利用多头开户转移资金、逃避债务。

这“三不准”要求单位和个人只准在银行账户余额内按照规定向收款单位和个人支付款项；对应该支付其他单位的款项必须依约履行义务；遵守国家有关账户管理的规定，严守信用、合同等。

3.8.3 银行结算的基本原则

银行转账结算是一个复杂的收付程序。每一笔款项的结算都涉及付款单位、收款单位、付款银行、收款银行等几个单位的多个环节的业务活动和资金增减变动。如果其中的任何单位和任何一个环节不按统一的规定办理，都会给结算业务的进行带来困难。因此为保证银行结算的顺利进行，付款单位、收款单位、付款银行和收款银行，应当严格遵循银行结算的基本原则。这些基本原则包括：

（1）恪守信用，履约付款。

在市场经济条件下，存在着多种交易形式，相应地存在着各种形式的商业信用。收付双方在经济往来过程中，在相互信任的基础上，根据双方的资信情况自行协商约期付款。一旦交易双方达成了协议，那么交易的一方就应当根据事先的约定行事，及时提供货物或劳务，而另一方则应按约定的时间、方式支付款项。

（2）谁的钱进谁的账，由谁支配。

银行作为结算的中介机构，在办理结算过程中，必须保护客户资金的所有权和自主支配权不受侵犯。各单位在银行的存款，受法律保护；客户委托银行把钱转给谁，银行就把钱进谁的账。除国家法律规定以外，银行不代任何单位查询、扣款，不得停止各单位存款的正常支付。

（3）银行不垫款。

银行在办理结算过程中，只提供结算服务，起中介作用，负责将款项从付款单位账户转到收款单位账户，不给任何单位垫支款项。因为银行给其他单位垫支款项，事实上已不属于结算范围，而属于信贷范畴，会扩大信贷规模和货币投放。

3.9 支票

常见支票分为现金支票、转账支票。在支票正面上方有明确标注。现金支票只能用于支取现金（限同城内）；转账支票只能用于转账。

3.9.1 支票的分类

支票分为转账支票、现金支票、普通支票和划线支票。

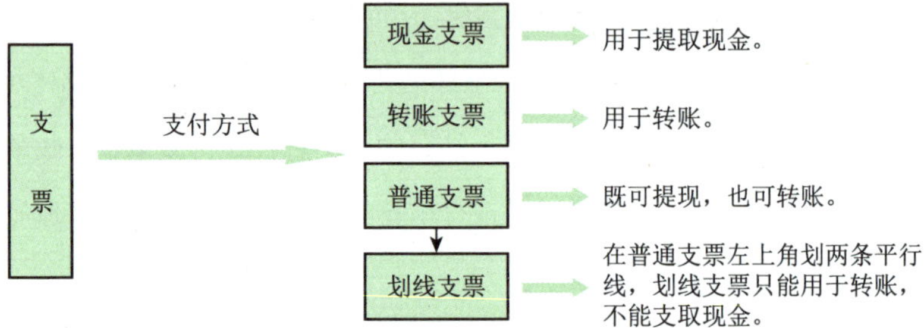

在实践中，我国大多采用的是现金支票和转账支票。现金支票正面与背面票样如图 3-8 所示。

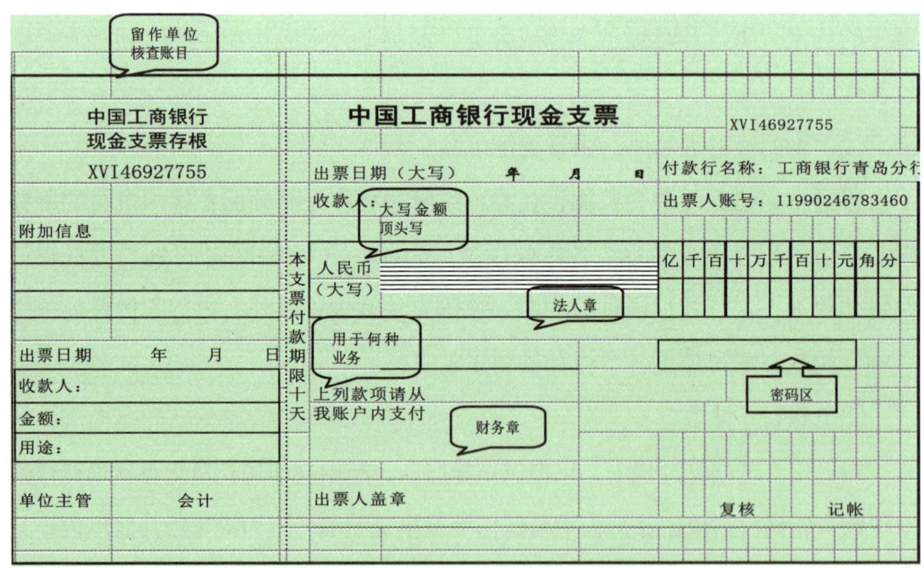

图 3-8 现金支票正面与背面

附加信息：	收款人签章 年 月 日
	身份证件名称： 发证机关：
	号码

（贴粘单处）

图3-8 现金支票正面与背面（续）

转账支票的正面与背面票样如图3-9所示。

中国工商银行
转账支票存根
XVI46927455

附加信息

出票日期 年 月 日

收款人：

金额：

用途：

单位主管 会计

中国工商银行转账支票 XVI46927455

出票日期（大写） 年 月 日 付款行名称：工商银行青岛分行

收款人： 出票人账号：11990246783460

本支票付款期限十天

人民币（大写）	万	千	百	十	万	千	百	十	元	角	分

用途：

上列款项请从
我账户内支付

出票人盖章 复核 记帐

附加信息	被背书人
	背书人签章 年 月 日

图3-9 转账支票正面与背面

1. 支票的使用范围

单位和个人在同一票据交换区域的各种款项结算，均可以使用支票。

转账支票在同一票据交换区域内可以背书转让，现金支票不得背书转让。

2. 支票记载事项

签发支票必须记载下列事项：表明“支票”的字样；无条件支付的委托；

确定的金额；付款人名称；出票日期；出票人签章。

支票上未记载上述规定之一的，支票无效。支票的金额、收款人名称，可由出票人授权补记，未补记前不得背书转让和提示付款。

3. 支票结算的注意事项

①支票一律记名。②支票限于见票即付，不得另行记载付款日期。支票提示付款期限自出票日起 10 天。超过提示付款期限提示付款的，持票人开户银行不予受理，付款人不予付款。③支票的办理程序等应符合有关规定。

存款人领购支票，必须填写“票据和结算凭证领用单”并签章，签章应与预留银行的签章相符。存款账户结清时，必须将全部剩余空白支票交回银行注销。

4. 使用支票注意事项

（1）签发支票应当使用碳素墨水或墨汁填写，中国人民银行另有规定的除外。现在开支票有专门的设备打印，很多单位都使用这种机器。

（2）签发现金支票和用于支取现金的普通支票，必须符合国家现金管理的规定。

（3）支票的出票人预留银行签章是银行审核支票付款的依据。出票人不得签发与其预留银行签章不符的支票；使用支付密码的，出票人不得签发支付密码错误的支票。

（4）支票的出票人签发支票的金额不得超过付款时在付款人处实有的存款金额，禁止签发空头支票。

（5）签发空头支票或者签发与其预留的签章不符的支票，不以骗取财物为目的的，由中国人民银行处以票面金额 5% 但不低于 1 000 元的罚款。持票人有权要求出票人赔偿支票金额 2% 的赔偿金。

3.9.2 支票的领购

1. 支票的领购

在银行存款额度内，开户单位均可向开户银行领购支票。出纳在领购支票时，须携带购买支票专用证、财务章、人名章、身份证。去开户银行对公办理窗口，填写支票购买单，填好后加盖财务章和法人章，交付柜台办理。一般一本支票 25 元，共 25 张，不过每个银行收费标准略有不同。购买支票时的费用由银行从公司账户扣除。银行工作人员办好后，交付支票和支票密码单。现在，由于互联网的发展，支票密码单采用电子形式，到开户行网站下载即可。

3.9.3 如何填写支票

1. 出票日期

出票日期数字必须大写，即：零、壹、贰、叁、肆、伍、陆、柒、捌、玖、拾。

例如 2019 年 1 月 5 日：贰零壹玖年零壹月零伍日

（1）壹月贰月前零字必写，叁月至玖月前零字可写可不写。拾月至拾贰月必须写成壹拾月、壹拾壹月、壹拾贰月（前面多写了“零”字也认可，如零壹拾月）。

（2）壹日至玖日前零字必写，拾日至拾玖日必须写成壹拾日及壹拾 × 日（前面多写了“零”字也认可，如零壹拾伍日，下同），贰拾日至贰拾玖日必须写成贰拾日及贰拾 × 日，叁拾日至叁拾壹日必须写成叁拾日及叁拾壹日。

2. 收款人

（1）现金支票收款人可写为本单位名称，此时现金支票背面“被背书人”栏内加盖本单位的财务专用章和法人章。收款人可凭现金支票直接到开户银行提取现金。（由于有的银行各营业点联网，所以也可到联网营业点取款，具体要看联网覆盖范围而定）。

（2）现金支票收款人可写为收款人个人姓名，此时现金支票背面不盖任何章，收款人在现金支票背面填上身份证号码和发证机关名称，凭身份证和现金支票签字领款。

（3）转账支票收款人应填写为对方单位名称。转账支票背面本单位不盖章。收款单位取得转账支票后，在支票背面被背书栏内加盖收款单位财务专用章和法人章，填写好银行进账单后连同该支票交给收款单位的开户银行委托银行收款。

3. 付款行名称、出票人账号

即为本单位开户银行名称及银行账号，例如：中国银行深圳市东山支行432543457，账号要小写。

4. 用途

（1）现金支票有一定限制，一般填写“备用金”“差旅费”“工资”“劳务费”等。

（2）转账支票没有具体规定，可填写如“货款”“代理费”，等等。

5. 盖章

支票正面盖财务专用章和法人章，缺一不可，印泥为红色，印章必须清晰，印章模糊只能将本张支票作废，换一张重新填写重新盖章。

小贴示

（1）支票正面不能有涂改痕迹，否则本张支票作废。

（2）受票人如果发现支票填写不全，可以补记，但不能涂改。

（3）支票的有效期为 10 天，日期首尾算一天。节假日顺延。

（4）支票见票即付，不记名。

（5）出票单位现金支票背面有印章盖模糊了，可把模糊印章打叉，重新再盖一次。

（6）收款单位转账支票背面印章盖模糊了（《票据法》规定是不能以重新盖章方法来补救的），收款单位可带转账支票及银行进账单到出票单位的开户银行去办理收款手续（不用付手续费）。

3.9.4 支票填写实例

1. 现金支票领购

【例 3-4】2019 年 1 月 3 日，双城有限公司出纳林宁到开户行申领支票簿，转账支票 4 本，现金支票 2 本，工本费 150 元，以银行存款支付。根据支付凭证，编制记账凭证，见表 3-26。

表 3-26　票据和结算凭证领购单

中国银行深圳东山支行营业部

结算凭证领购单（借方凭证）　　2019 年 1 月 3 日

领购单位	双城有限公司			账号		432543457	左列款项请从我单位账户支付． 此致 付款人盖章：双城有限公司 财务专用章
领购凭证名称	数量（本）	单价	凭证工本费	凭证起讫号		手续费	
				起	讫		
转账支票	4	25	100	001	100	10	
现金支票	2	25	50	001	050	5	
合　计			150	合　计		15	
凭证费 150.00 元 手续费 15.00 元　合计（大写）壹佰陆拾伍元整						银行付讫	

根据上述业务，编制付款凭证，见表 3-27。

表 3-27　付款凭证

附件：1 张

贷方科目：银行存款　　2019 年 1 月 3 日　　银付字第 002 号

摘要	借方科目		账页	金额								
	一级科目	二级或明细科目		百	十	万	千	百	十	元	角	分
支付支票工本费 150 元，手续费 15 元	财务费用	工本费及手续费						1	6	5	0	0
合计							¥	1	6	5	0	0

会计主管：王青　　记账：薛冰　　出纳：季明　　审核：杨子羲　　填制：李佳

借：财务费用——支票工本费用　　150

　　　　　　——手续费　　15

　贷：银行存款　　165

企业办理银行结算业务，按规定需要向银行支付一定的费用，这些费用包括凭证工本费、手续费、邮电费。此外，如果单位违反银行结算纪律和规定的行为，银行还要按规定收取一定的罚款。

银行收取凭证工本费分为当时计收和定期汇总计收两种方式。

各单位向银行领购各种结算凭证时，按规定应填制一式三联的结算凭证领用单，并加盖其预留银行印鉴，送开户银行。开户银行审查无误后，实行当时计收的，向领用人收取结算凭证工本费，并在第一联结算凭证领用单中加盖“转讫”章或“付讫”章后退回给领用人。各单位财务部门根据银行盖章退回的结算凭证领用单第一联和银行收费凭证编制现金或银行存款付款凭证。

如果采用定期汇总收费的，则领购时不直接支付，其汇总收费时一次性转账结算。银行汇总收费时向各单位发出特种转账借方凭证作为支款通知。各单位财务部门根据银行特种转账借方凭证编制银行付款凭证。

【例 3-5】 2019 年 1 月 2 日，签发现金支票，支取李阳出差费 2 000 元，如图 3-10 所示。

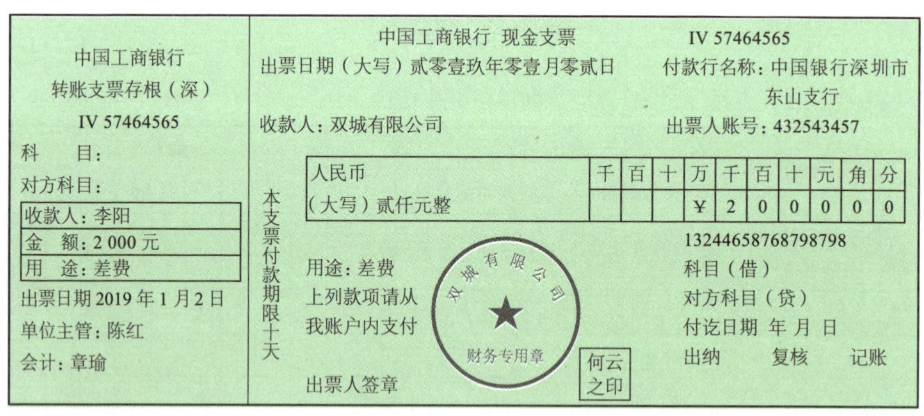

中国工商银行
转账支票存根（深）
IV 57464565
科　　目：
对方科目：
收款人：李阳
金　额：2 000 元
用　途：差费
出票日期 2019 年 1 月 2 日
单位主管：陈红
会计：章瑜

中国工商银行　现金支票　　IV 57464565
出票日期（大写）贰零壹玖年零壹月零贰日　　付款行名称：中国银行深圳市东山支行
收款人：双城有限公司　　出票人账号：432543457

本支票付款期限十天

人民币（大写）贰仟元整	千	百	十	万	千	百	十	元	角	分
				¥	2	0	0	0	0	0

13244658768798798
用途：差费
上列款项请从
我账户内支付
出票人签章
双城有限公司 财务专用章
何云之印
科目（借）
对方科目（贷）
付讫日期　年　月　日
出纳　　复核　　记账

图 3-10　现金支票

单位要设立领用支票登记簿，开出支票时，出纳登记支票领用登记簿。出纳要与支票存根进行核对销号，支票使用时要按顺序号使用。

李阳领取现金支票，登记支票簿见表 3-28。

表3-28 支票登记簿

支票（现金、转账）使用销号登记簿

2019年		支票顺序号	金额	收款单位	用途	经手人签字	报销日期
月	日						
1	2	57464565	2 000	李阳	差费	李阳	

2. 转账支票

转账支票不可提现，当企业发生经济义务时，可以用转账支票结算，由付款人（出票人）签发支票，加盖银行预留印鉴交付收款人。

【例3-6】 双城有限公司收到杨树浦商贸有限公司货款21 200元，对方开出一张转账支票，如图3-11所示。

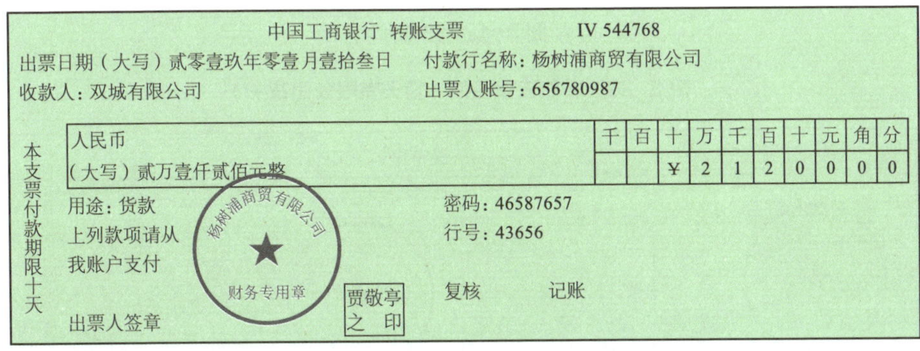

中国工商银行 转账支票 IV 544768

出票日期（大写）贰零壹玖年零壹月壹拾叁日 付款行名称：杨树浦商贸有限公司

收款人：双城有限公司 出票人账号：656780987

本支票付款期限十天

人民币（大写）贰万壹仟贰佰元整	千	百	十	万	千	百	十	元	角	分
			¥	2	1	2	0	0	0	0

用途：货款 密码：46587657

上列款项请从我账户支付 行号：43656

杨树浦商贸有限公司 财务专用章 贾敬亭之印

出票人签章 复核 记账

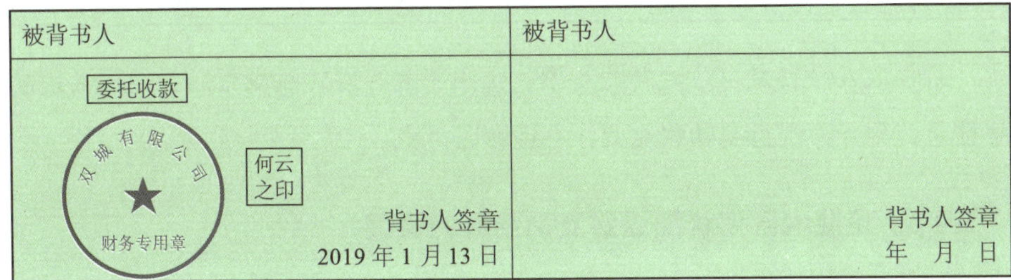

被背书人	被背书人
委托收款 双城有限公司 财务专用章 何云之印 背书人签章 2019年1月13日	背书人签章 年 月 日

图3-11 转账支票

收款人将转账支票转给另一个企业，收款人只需在支票背面背书，加盖预留印鉴，再转给另一个单位。

承上例，双城有限公司将此支票转给蓝天有限公司偿付欠款 21 200 元，蓝天有限公司背书后，填写进账单存入本公司开户行，如图 3–12 所示。背书栏样式见表 3–29。

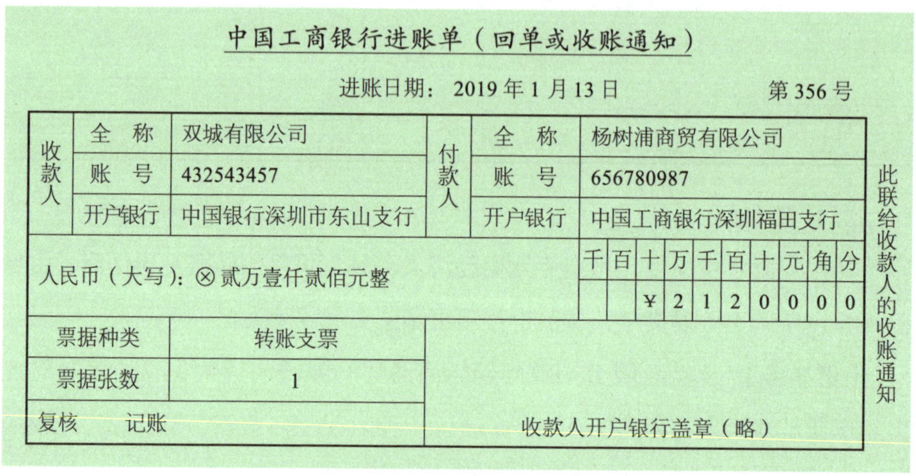

中国工商银行进账单（回单或收账通知）

进账日期：2019 年 1 月 13 日　　第 356 号

<table>
<tr><td rowspan="3">收款人</td><td>全　称</td><td>双城有限公司</td><td rowspan="3">付款人</td><td>全　称</td><td colspan="11">杨树浦商贸有限公司</td><td rowspan="7">此联给收款人的收账通知</td></tr>
<tr><td>账　号</td><td>432543457</td><td>账　号</td><td colspan="11">656780987</td></tr>
<tr><td>开户银行</td><td>中国银行深圳市东山支行</td><td>开户银行</td><td colspan="11">中国工商银行深圳福田支行</td></tr>
<tr><td colspan="5" rowspan="2">人民币（大写）：⊗贰万壹仟贰佰元整</td><td>千</td><td>百</td><td>十</td><td>万</td><td>千</td><td>百</td><td>十</td><td>元</td><td>角</td><td>分</td><td></td></tr>
<tr><td></td><td></td><td>¥</td><td>2</td><td>1</td><td>2</td><td>0</td><td>0</td><td>0</td><td>0</td><td></td></tr>
<tr><td colspan="2">票据种类</td><td>转账支票</td><td colspan="13" rowspan="3">收款人开户银行盖章（略）</td></tr>
<tr><td colspan="2">票据张数</td><td>1</td></tr>
<tr><td colspan="3">复核　　记账</td></tr>
</table>

图 3–12　进账单

表 3–29　转账支票背面（蓝天有限公司背书）

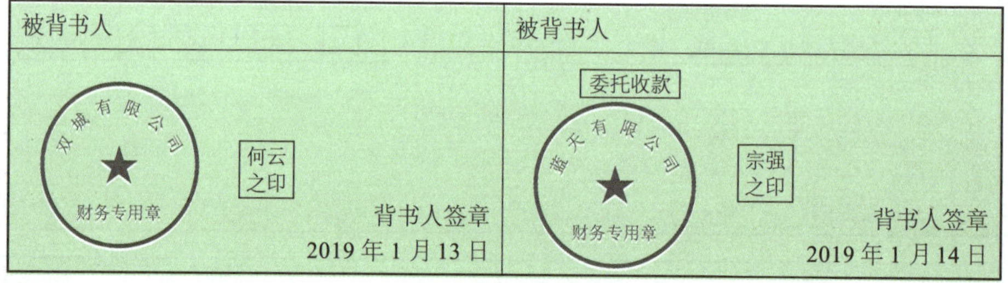

被背书人	被背书人
双城有限公司 财务专用章　何云之印 背书人签章 2019 年 1 月 13 日	委托收款 蓝天有限公司 财务专用章　宗强之印 背书人签章 2019 年 1 月 14 日

若收款人没有亲自拿到转账支票，由出票人签发转账支票后，出票人填制进账单，到开户银行交转账支票，办理转账付讫。

3.9.5 企业内部怎样加强对支票结算的管理

为了避免发生丢失、被盗、空头等情况，防止由于管理不善而给单位带来经济损失，各单位应建立健全支票结算的内部控制制度，加强对支票结算的管理和控制，具体包括：

（1）支票的管理由财务部门负责，指定的出纳员专门负责，妥善保管，严防丢失、被盗。

（2）支票和预留银行印鉴、支票密码单应分别存放，专人保管。

（3）有关部门和人员领用支票一般必须填制专门的“支票领用单”，说明领用支票的用途、日期、金额，由经办人员签章，经有关领导批准。

（4）支票由指定的出纳员专人签发；出纳员根据经领导批准的“支票领用单”，按照要求签发支票，并在支票签发登记簿上加以登记。

（5）各单位不准携带盖好印鉴的空白支票外出采购。如果采购金额事先难以确定，实际情况又需用空白转账支票结算时，经单位领导同意后，出纳员可签发具有下列内容的空白支票：定时（填写好支票日期）、定点（填写好收款单位）、定用途（填写好支票用途）、限金额（在支票的右上角再加注“限额××元”字样）。各单位签发空白支票要设置“空白支票签发登记簿”，实行空白支票领用销号制度，以严格控制空白支票的签发。“空白支票签发登记簿”一般应包括以下内容：领用日期、支票号码、领用人、用途、收款单位、限额、批准人、销号。领用人领用支票时要在登记簿“领用人”栏签名或盖章；领用人将支票的存根或未使用的：支票交回时，应在登记簿“销号”栏销号并注明销号日期。

（6）建立、健全支票报账制度。单位内部领用支票的有关部门和人员应按规定及时报账，遇有特殊情况与单位财务部门及时取得联系，以便财务部门能掌握支票的使用情况，合理地安排使用资金。

（7）为避免签发空头支票，各单位财务部门要定期与开户银行核对往来账，了解未达账项情况，准确掌握和控制其银行存款余额，从而为合理地安排生产经营等各项业务提供决策信息。

（8）为避免收受空头支票和无效支票，各单位应建立收受支票的审查制度。为防止发生诈骗和冒领，收款单位一般应规定必须收到支票几天（如3天、5天）后才能发货，以便有足够的时间将收受的支票提交银行，办妥收账手续。

（9）一旦发生支票遗失，立即向银行办理挂失或者请求银行和收款单位协助防范。

3.10 银行汇票

银行汇票是出票银行签发的，由其在见票时按照实际结算金额无条件支付给收款人或者持票人的票据。

3.10.1 如何申请银行汇票

银行汇票的出票人，为经中国人民银行批准办理银行汇票业务的银行。银行汇票的出票人为银行汇票的付款人。

银行汇票申请书见表3-30。

表3-30 中国工商银行

银行汇票申请书（存根）1

申请日期：年　月　日　　NO.00000001

<table>
<tr><td>银行打印</td><td colspan="5"></td></tr>
<tr><td></td><td>业务类型</td><td>电汇□　信汇□
汇票申请书□
本票申请书 □　其他</td><td colspan="2">汇款方式</td><td>普通　加急</td></tr>
<tr><td rowspan="4">申请人</td><td>全　称</td><td></td><td rowspan="4">收款人</td><td>全　称</td><td></td></tr>
<tr><td>账号或地址</td><td></td><td>账号或地址</td><td></td></tr>
<tr><td>开户行名称</td><td></td><td>开户行名称</td><td></td></tr>
<tr><td>开户银行</td><td></td><td>开户银行</td><td></td></tr>
<tr><td colspan="2">金额（大写）人民币</td><td colspan="3"></td><td>千 百 十 万 千 百 十 元 角 分</td></tr>
<tr><td>支付密码</td><td colspan="2"></td><td colspan="3" rowspan="4">上列款项及相关费用请从我账户内支付

申请人签章</td></tr>
<tr><td>加急汇款签字</td><td colspan="2"></td></tr>
<tr><td>用途</td><td colspan="2"></td></tr>
<tr><td colspan="3">附加信息及用途</td></tr>
</table>

此联申请人留存

会计主管：　　复核：　　记账：

银行汇票一般由汇款人将款项交存当地银行，由银行签发给汇款人持往异地办理转账结算或支取现金。单位和个人在异地、同城或统一票据交换区域的各种款项结算，均可使用银行汇票。银行汇票可以用于转账，填明“现金”字样的银行汇票也可以用于支取现金。

3.10.2 银行汇票的记载事项

1. 银行汇票的绝对记载事项

欠缺记载下列事项之一的，银行汇票无效。

（1）表明“银行汇票”的字样。

（2）无条件支付的承诺。

（3）出票金额。汇票上记载的金额必须是确定的金额，如果汇票上记载的金额不确定，汇票无效。在实践中，银行汇票记载的金额有汇票金额和实际结算金额。汇票金额是出票时应该记载的确定金额。实际结算金额，是另外记载的具体结算的金额，实际结算金额只能小于或等于汇票金额。

（4）收款人名称。指出票人出票时在汇票上记载的受领汇票金额的最初票据权利人。

（5）出票日期。出票人在汇票上记载的签发汇票的日期。

（6）出票人签章。出票人应当按照有关规定进行签章。

（7）付款人名称。付款人是指出票人在汇票上的委托支付汇票金额的人。汇票上未记载付款人的，汇票无效。

2. 银行汇票的相对记载事项

银行汇票的相对记载事项未在汇票上记载的，不影响汇票本身的效力，汇票仍然有效。未记载的事项可以通过法律的直接规定来补充确定。

（1）付款日期。如果没有记载，为见票即付。

（2）付款地。

（3）出票地。

3. 银行汇票的非法定记载事项

如签发票据的用途或原因、该票据项下交易的合同号码等。这些事项与票据本身关系不大。

4. 银行汇票的提示付款期限

银行汇票的提示付款期限自出票日起 1 个月。持票人超过付款期限提示付款的，代理付款人不予以付款。

银行汇票票样见表 3-31。

表 3-31 中国工商银行 地 B A 00000000

银 行 汇 票

付款期限 壹个月										
出票日期（大写） 年 月 日	代理付款行： 行号：									
收款人： 账号：										
出票金额人民币（大写）										
实际结算金额人民币（大写）	千	百	十	万	千	百	十	元	角	分

申 请 人：________ 账号：____	密押										复核 记账
出 票 行：________ 行号：____	多余金额										
备 注：________	千	百	十	万	千	百	十	元	角	分	
凭票付款											

5. 银行汇票办理流程

银行汇票办理的一般程序如图 3-13 所示。

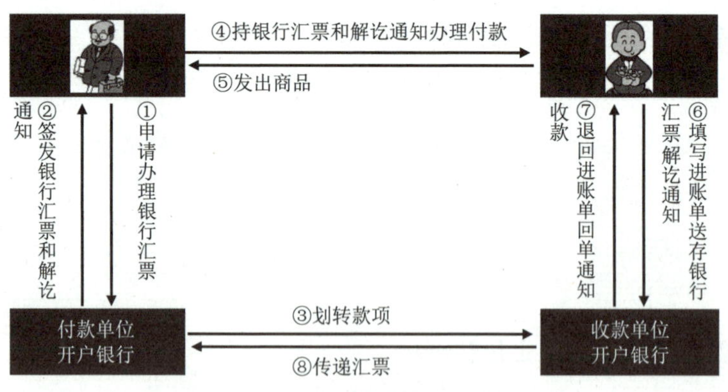

图 3-13 银行汇票办理的一般程序

3.11 银行本票

银行本票是出银行签发的，承诺自己在见票时无条件支付确定的金额给收款人或者持票人的票据。

银行本票分为定额本票和不定额本票两种。定额银行本票面额为 1 000 元、5 000 元、1 万元和 5 万元。

单位和个人在同一票据交换区域需要支付各种款项，均可以使用银行本票。银行本票可以用于转账，注明“现金”字样的银行本票可以用于支取现金。

1. 银行本票的绝对应记载事项

银行本票绝对记载事项：①表明“银行本票”字样；②无条件支付的承诺；③确定的金额；④收款人名称；⑤出票日期；⑥出票人签章。欠缺上述六项内容之一的，银行本票无效。

2. 本票的相对应记载事项

（1）付款地。本票上未记载付款地的，出票人的营业场所为付款地。

（2）出票地。本票上未记载出票地的，出票人的营业场所为出票地。

（3）银行本票的提示付款期限。银行本票的提示付款期限自出票日起最长不得超过 2 个月。持票人超过付款期限提示付款的，代理付款人不予受理。

（4）银行本票结算的一般程序如图 3-14 所示。

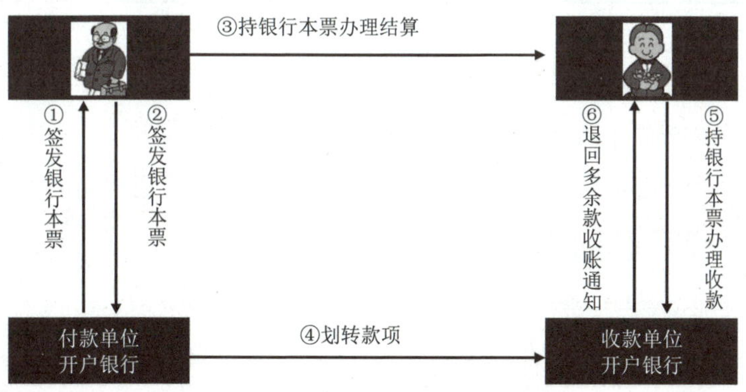

图 3-14　银行本票结算的一般程序

3.12 商业汇票

商业汇票是出票人签发的，委托付款人在指定日期无条件支付确定金额给收款人或持票人的票据。

商业汇票按承兑人不同，分为商业承兑汇票和银行承兑汇票。商业承兑汇票由银行以外的付款人承兑，银行承兑汇票由银行承兑。

商业汇票适用于在银行开立存款账户的法人以及其他组织之间具有真实交易关系或债权债务关系的款项结算。

（1）商业汇票的记载事项。

签发商业汇票必须记载以下事项：表明“商业承兑汇票”或“银行承兑汇票”的字样；无条件支付的委托；确定的金额；付款人名称；收款人名称；出票日期；出票人签章。欠缺记载上述事项之一的，商业汇票无效。

（2）商业汇票的付款期限和提示付款期限。

商业汇票的付款期限，最长不得超过6个月。商业汇票的提示付款期限，自汇票到期日期10日。持票人超过提示付款期限提示付款的，持票人开户银行不予受理。

3.13 汇兑

汇兑，是汇款人委托银行将其款项支付给收款人的结算方式。

汇兑分为信汇、电汇两种。信汇是以邮寄方式将汇款凭证转给外地收款人指定的汇入行；电汇是以电报方式将汇款凭证转给收款人指定的汇入行。

（1）汇兑的使用范围。

单位和个人的各种款项的结算，都可以使用汇兑结算方式。

（2）汇兑结算凭证的记载事项。

签发汇兑凭证必须记载下列事项：表明“信汇”或“电汇”的字样；无条

件支付的委托；确定的金额；收款人名称；汇款人名称；汇入地点、汇入行名称；汇出地点、汇出行名称；委托日期；汇款人签章。汇兑凭证上欠缺上列记载事项之一的，银行不予受理。

中国工商银行电汇、信汇凭证票样见表3-32、表3-33。

表3-32 中国工商银行 电汇凭证（回单） 1

□普通 □加急 委托日期： 年 月 日

<table>
<tr><td rowspan="3">汇款人</td><td>全称</td><td></td><td rowspan="3">收款人</td><td>全称</td><td colspan="11"></td></tr>
<tr><td>账号</td><td></td><td>账号</td><td colspan="11"></td></tr>
<tr><td>汇出地点</td><td>省 市/县</td><td>汇入地点</td><td colspan="11">省 市/县</td></tr>
<tr><td colspan="2">汇出行名称</td><td></td><td colspan="2">汇入行名称</td><td colspan="11"></td></tr>
<tr><td rowspan="2">金额</td><td rowspan="2" colspan="4">人民币
（大写）</td><td>亿</td><td>千</td><td>百</td><td>十</td><td>万</td><td>千</td><td>百</td><td>十</td><td>元</td><td>角</td><td>分</td></tr>
<tr><td></td><td></td><td></td><td></td><td></td><td></td><td></td><td></td><td></td><td></td><td></td></tr>
<tr><td colspan="3" rowspan="2">汇出行签章</td><td colspan="2">支付密码</td><td colspan="11"></td></tr>
<tr><td colspan="13">附加信息及用途：
复核 记账</td></tr>
</table>

此联汇出行给汇款人的回单

表3-33 中国工商银行 信汇凭证（回单） 1

委托日期： 年 月 日

<table>
<tr><td rowspan="3">汇款人</td><td>全称</td><td></td><td rowspan="3">收款人</td><td>全称</td><td colspan="11"></td></tr>
<tr><td>账号</td><td></td><td>账号</td><td colspan="11"></td></tr>
<tr><td>汇出地点</td><td></td><td>汇入地点</td><td colspan="11"></td></tr>
<tr><td colspan="2">汇出行名称</td><td></td><td colspan="2">汇入行名称</td><td colspan="11"></td></tr>
<tr><td rowspan="2">金额</td><td rowspan="2" colspan="4">人民币
（大写）</td><td>亿</td><td>千</td><td>百</td><td>十</td><td>万</td><td>千</td><td>百</td><td>十</td><td>元</td><td>角</td><td>分</td></tr>
<tr><td></td><td></td><td></td><td></td><td></td><td></td><td></td><td></td><td></td><td></td><td></td></tr>
<tr><td colspan="3" rowspan="2">汇出行签章</td><td colspan="2">支付密码</td><td colspan="11"></td></tr>
<tr><td colspan="13">附加信息及用途：
复核： 记账：</td></tr>
</table>

此联汇出行给汇款人的回单

3.14 托收承付

托收承付是指根据购销合同由收款人发货后委托银行向异地付款人收取款项，由付款人向银行承认付款的结算方式。

（1）托收承付的使用范围。

使用托收承付结算方式的收款单位和付款单位，必须是国有企业、供销合作社以及经营管理较好，并经开户银行审查同意的城乡集体所有制工业企业。

办理托收承付结算的款项，必须是商品交易，以及因商品交易而产生的劳务供应的款项。

注意：代销、寄销、赊销商品的款项，不得办理托收承付结算。

（2）托收承付结算凭证的记载事项。

签发托收承付凭证必须记载下列事项：①表明“托收承付”的字样；②确定的金额；③付款人的名称和账号；④收款人的名称和账号；⑤付款人的开户银行名称；⑥收款人的开户银行名称；⑦托收附寄单证张数或册数；⑧合同名称、号码；⑨委托日期；⑩收款人签章。欠缺上述任一事项，银行不予受理。

（3）托收承付结算中的注意事项。

①付款人开户银行收到托收凭证及其附件后，应当及时通知付款人。验单付款的承付期为 3 天，从付款人开户银行发出承付通知的次日算起（承付期内遇法定休假日顺延）；验货付款的承付期为 10 天，从运输部门向付款人发出提货通知的次日算起。付款人在承付期内，未向银行表示拒绝付款，银行即视作承付，并在承付期满的次日（法定节假日顺延）上午银行开始营业时，将款项主动从付款人的账户付出，按照收款人指定的划款方式，划给收款人。

②付款人在承付期满日银行营业终了时，如无足够资金支付，其不足部分，即为逾期未付款项，按逾期付款处理。

③付款人在承付期内，对不符合规定条件的款项，可以向银行提出全部或部分拒绝付款。

④ 收款人对被无理拒绝付款的托收款项，在收到退回的结算凭证及其所附单证后，可以委托银行重办托收。

⑤ 托收凭证样式如图 3-15 所示。

托收凭证（受理回单）　　1

委托日期：　　年　月　日

<table>
<tr><td colspan="2">业务类型</td><td colspan="16">委托收款（□邮划、□电划）　托收承付（□邮划、□电划）</td></tr>
<tr><td rowspan="3">付款人</td><td>全称</td><td colspan="4"></td><td rowspan="3">收款人</td><td>全称</td><td colspan="10"></td></tr>
<tr><td>账号</td><td colspan="4"></td><td>账号</td><td colspan="10"></td></tr>
<tr><td>地址</td><td>省</td><td>市</td><td>开户行</td><td></td><td>地址</td><td colspan="3">省</td><td colspan="3">市</td><td colspan="2">开户行</td><td colspan="2"></td></tr>
<tr><td rowspan="2">金额</td><td colspan="7" rowspan="2">人民币（大写）</td><td>亿</td><td>千</td><td>百</td><td>十</td><td>万</td><td>千</td><td>百</td><td>十</td><td>元</td><td>角</td><td>分</td></tr>
<tr><td></td><td></td><td></td><td></td><td></td><td></td><td></td><td></td><td></td><td></td><td></td></tr>
<tr><td colspan="2">款项内容</td><td colspan="2"></td><td colspan="2">托收凭据名称</td><td colspan="3"></td><td colspan="4">附寄单证张数</td><td colspan="7"></td></tr>
<tr><td colspan="3">商品发运情况</td><td colspan="6"></td><td colspan="4">合同名称号码</td><td colspan="7"></td></tr>
<tr><td colspan="4">备注：
复核　记账</td><td colspan="5">款项收妥日期
年　月　日</td><td colspan="11">收款人开户银行签章
年　月　日</td></tr>
</table>

此联作收款人开户银行给收款人的受理回单

图 3-15　托收凭证样式

3.15 委托收款

委托收款结算，是收款人向银行提供收款依据，委托银行向付款人收取款项的一种结算方式。

委托收款结算款项的划回方式，分邮寄和电报两种，由收款人选择使用。

1. 委托收款的使用范围

单位和个人凭已承兑商业汇票、债券、存单等付款人债务证明办理款项的结算，均可以使用委托收款结算方式，委托收款在同城、异地均可以使用。

2. 委托收款凭证的记载事项

签发委托收款凭证必须记载下列事项：①表明“委托收款”的字样；②确

定的金额；③付款人的名称；④收款人的名称；⑤委托收款凭据名称及附寄单证张数；⑥委托日期；⑦收款人签章。

欠缺记载上列事项之一的，银行不予受理。委托收款人以银行以外的单位为付款人的，委托收款凭证必须记载付款人银行名称。委托收款协议书如下：

委托收款协议书

委托方：＿＿＿＿＿（简称“甲方”）

住所：＿＿＿＿＿＿＿＿＿＿＿＿＿＿＿

电话：＿＿＿＿＿＿＿＿＿＿＿＿＿＿＿

邮箱：＿＿＿＿＿＿＿＿＿＿＿＿＿＿＿

受托方：＿＿＿＿＿（简称“乙方”）

住所：＿＿＿＿＿＿＿＿＿＿＿＿＿＿＿

电话：＿＿＿＿＿＿＿＿＿＿＿＿＿＿＿

邮箱：＿＿＿＿＿＿＿＿＿＿＿＿＿＿＿

甲乙双方按照诚实信用原则，依据《律师法》《民法通则》和《合同法》及其他法律、法规的有关规定，经友好协商就甲方委托乙方收款事宜达成以下条款，共同遵照执行：

第一条 甲方委托乙方的事项为：委托收款。

1. 甲方委托乙方采取合法手段及措施，妥善解决＿＿＿＿＿拖欠甲方＿＿＿万元的债务问题，依法维护甲方的合法权益。

2. 甲乙双方约定，乙方的代理方式为：□非风险代理；□风险代理；

第二条 甲方保证

1. 其委托乙方的收款事项不得违犯国家相关法律法规，不得侵害他人的合法权益；

2. 在本协议有效期内，未经乙方书面同意不得再委托第三方，否则视同乙方已履行本协议义务，甲方应按本协议规定向乙方支付履约费用及佣金；

3. 在本协议有效期内，未经乙方书面同意不得和被调查人达成任何与本协议目的相悖的协议或安排，否则视同乙方已履行本协议义务，甲方应按协议向乙方支付履约费用及佣金。

第三条 乙方保证

1. 自本协议签订日起，在委托收款取得实质性进展时应及时向甲方通报；

2. 对甲方委托的委托收款及在调查过程中知悉的甲方的商业秘密进行保密。

第四条 甲方按如下规定向乙方支付代理佣金：

1. 非风险代理：甲方应于合同签订日向乙方支付前期费用________元，代理佣金按债权金额的________%支付。

2. 风险代理：甲方应于收到债款后当日向乙方支付代理佣金，佣金按收回金额的________%支付。

第五条 本协议自甲乙双方签字盖章之日起生效。

第六条 如出现下列情况，乙方有权单方面解除本协议：

1. 甲方违反其在第二条中的保证与承诺，使本协议无法或难以继续履行；

2. 甲方委托的委托收款难以确认。

第七条 因不可抗力致本协议无法履行的，双方都不承担责任。

第八条 如果甲乙双方就本合同发生纠纷应协商解决，协商不成任何一方均有权向________申请仲裁或提起诉讼。

第九条 本协议一式两份，双方各执一份，具同等法律效力。

甲方（盖章）：________ 乙方（盖章）：________

甲方代表：________ 乙方代表：________

签订时间：________

3.16 信用证

信用证是银行信用介入国际货物买卖价款结算的产物。信用证不仅在一定程度上解决了买卖双方之间互不信任的矛盾，而且还能使双方在使用信用证结算货款的过程中获得银行资金融通的便利，从而促进了国际贸易的发展。因此，被广泛应用于国际贸易之中，以致成为当今国际贸易中的一种主要的结算方式。信用证样式见表 3-34。

表 3-34 信用证样式

信用证样本（附中文说明）
Issue of a Documentary Credit Industrial and Commercial Bank of China，BANK OF CHINA LIAO NING BRANCH （开证行名称） Destination Bank KOEXKRSEXXX MESSAGE TYPE: 700 KOREA EXCHANGE BANK SEOUL 178.2 KA, ULCHI RO, CHUNG-KO（通知行） Type of Documentary Credit 40A IRREVOCABLE（信用证性质为不可撤消 ） Letter of Credit Number 20 LC84E0081/33（信用证号码，一般做单时都要求注此号） …… 46A: Documents Required（议付单据） 1. SIGNED COMMERCIAL INVOICE IN 5 COPIES.（签字的商业发票 5 份） 2. PACKING LIST/WEIGHT MEMO IN 4 COPIES INDICATING QUANTITY/GROSS AND NET WEIGHTS OF EACH PACKAGE AND PACKING CONDITIONSAS CALLED FOR BY THE L/C.（装箱单 / 重量单四份，显示每个包装产品的数量 / 毛净重和信用证要求的包装情况） 3. CERTIFICATE OF QUALITY IN 3 COPIES ISSUED BY PUBLIC RECOGNIZED SURVEYOR.（由 PUBLIC RECOGNIZED SURVEYOR 签发的质量证明三份） 4. BENEFICIARY'S CERTIFIED COPY OF FAX DISPATCHED TO THE ACCOUNTEE WITH 3 DAYS AFTER SHIPMENT ADVISING NAME OF VESSEL, DATE, QUANTITY, WEIGHT, VALUE OF SHIPMENT, L/C NUMBER AND CONTRACT NUMBER.（受益人证明的传真件，在船开后三天内已将船名航次、日期、货物的数量、重量价值、信用证号和合同号通知付款人） 5. CERTIFICATE OF ORIGIN IN 3 COPIES ISSUED BY AUTHORIZED INSTITUTION.（当局签发的原产地证明三份） 6. CERTIFICATE OF HEALTH IN 3 COPIES ISSUED BY AUTHORIZED INSTITUTION.（当局签发的健康 / 检疫证明三份）

续上表

71B Charges
ALL BANKING CHARGES OUTSIDE THE OPENNING BANK ARE FOR BENEFICIARY'S ACCOUNT.
Period for Presentation 48

DOCUMENTSMUST BE PRESENTED WITHIN 15 DAYS AFTER THE DATE OF ISSUANCE OF THE TRANSPORT DOCUMENTS BUT WITHIN THE VALIDITY OF THE CREDIT.

Confirmation Instructions 49
WITHOUT

78 Instructions to the Paying/Accepting/Negotiating Bank:
1.ALL DOCUMENTS TO BE FORWARDED IN ONE COVER, UNLESS OTHERWISE STATED ABOVE.
2. DISCREPANT DOCUMENT FEE OF USD 50.00 OR EQUAL CURRENCY WILL BE DEDUCTED FROM DRAWING IF DOCUMENTS WITH DISCREPANCIES ARE ACCEPTED.
……

信用证的使用范围：我国信用证为不可撤销、不可转让的跟单信用证。它只适用于国内企业之间商品交易产生的货款结算。信用证限于转账结算，不能支取现金。

3.17 信用卡

信用卡，是指商业银行向单位和个人发行的，凭以向特约单位购物、消费和向银行存取现金，且具有消费信用的特制载体卡片。

信用卡按使用对象分为单位卡和个人卡；按信誉等级分为金卡和普通卡。

信用卡的使用范围：凡在中国境内金融机构开立基本存款账户的单位可以申领单位卡。单位卡可以申领若干张，持卡人资格由申领单位法定代表人或其委托代理人书面指定和注销。

注意：单位卡的账户资金一律从其基本存款账户转入，不得缴存现金，不得将销货收入的款项存入其账户；单位卡不得用于10万元以上的商品交易、劳务供应款项的结算，并一律不得支取现金。

3.18 电子支付

电子支付是指单位或个人直接或授权他人通过电子终端，向银行业金融机构发出支付指令，实现货币支付与资金转移的行为。电子终端是指客户可用以发起电子支付指令的计算机、电话、销售点终端、自动柜员机、移动通信工具或其他电子设备等。电子支付的业务类型按电子支付指令发起方式分为网上支付、电话支付、移动支付、销售点终端交易、自动柜员机交易和其他电子支付。

第 4 章 日常现金收付的会计处理

现金是指存放在企业并由出纳人员保管的现钞，包括库存的人民币和各种外币。现金是流动性最大的一种货币资金，它可以随时用以购买所需物资，支付日常零星开支，偿还债务等。

现金从理论上讲有广义与狭义之分：狭义现金是指企业所拥有的硬币、纸币，即由企业出纳员保管作为零星业务开支之用的库存现款；广义现金则应包括库存现款和视同现金的各种银行存款、流通证券等。我国所采用的是狭义的现金概念。

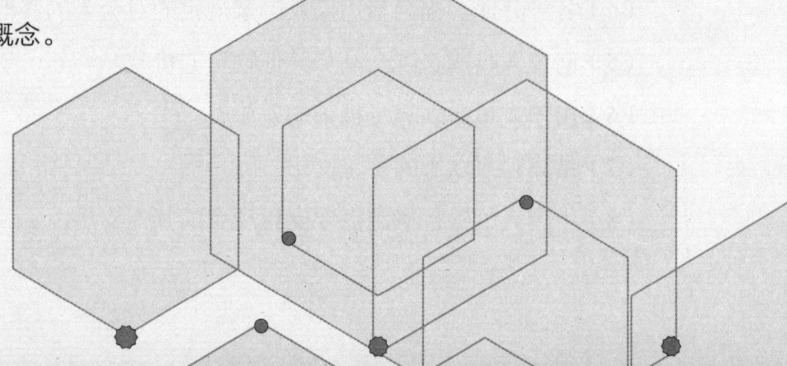

4.1 现金管理

现金管理就是对现金的收、付、存等各环节进行的管理。依据《现金管理暂行条例》，现金管理的基本原则是：

1 • 第一，开户单位库存现金一律实行限额管理

2 • 第二，不准擅自坐支现金。坐支现金容易打乱现金收支渠道，不利于开户银行对企业的现金进行有效监督和管理

3 • 第三，企业收入的现金不准作为储蓄存款存储

4 • 第四，收入现金应及时送存银行，企业的现金收入应于当天送存开户银行，确有困难的，应由开户银行确定送存时间

5 • 第五，严格按照国家规定的开支范围使用现金，结算金额超过起点的，不得使用现金

6 • 第六，不准编造用途套取现金。企业在国家规定的现金使用范围和限额内需要现金，应从开户银行提取，提取时应写明用途，不得编造用途套取现金

7 • 第七，企业之间不得相互借用现金

4.1.1 现金开支范围

按照国务院发布的《现金管理暂行条例》规定，开户单位可以在下列范围内使用现金：

（1）职工工资、津贴。

（2）个人劳务报酬。

（3）根据国家规定颁发给个人的科学技术、文化艺术、体育等各种奖金。

（4）各种劳保、福利费用以及国家规定的对个人的其他支出。

（5）向个人收购农副产品和其他物资的价款。

（6）出差人员必须随身携带的差旅费。

（7）结算起点以下的零星支出。

（8）中国人民银行确定需要支付现金的其他支出。

4.1.2 库存现金限额的核定原则和方法

库存现金限额，是指为保证各单位日常零星支付按规定允许留存的现金的最高数额。库存现金的限额，由开户行根据开户单位的实际需要和距离银行远近等情况核定。其限额一般按照单位 3~5 天日常零星开支所需现金确定。远离银行机构或交通不便的单位可依据实际情况适当放宽，但最高不得超过 15 天。

一个单位在几家银行开户的，由一家开户银行核定开户单位库存现金限额。

凡在银行开户的独立核算单位都要核定库存现金限额；独立核算的附属单位，由于没有在银行开户，但需要保留现金，也要核定库存现金限额，其限额可包括在其上级单位库存限额内；商业企业的零售门市部需要保留找零备用金，其限额可根据业务经营需要核定，但不包括在单位库存现金限额之内。

库存现金限额的计算方式一般是：

库存现金 = 前一个月的平均每天支付的数额（不含每月平均工资数额）× 限定天数

4.1.3 怎样办理库存现金限额

核定库存现金限额是现金管理的一项重要制度。办理库存现金限额的一般程序为：首先，填制现金库存限额申请批准书；然后，报送开户银行签署审查批准意见和核定数额。

库存现金限额经银行核定批准后，开户单位应当严格遵守，每日现金的结存数不得超过核定的限额。如库存现金不足限额时，可向银行提取现金，不得在未经开户银行准许的情况下坐支现金；库存现金限额一般每年核定一次，单位因生产和业务发展、变化需要增加或减少库存限额时，可向开户银行提出申请，经批准后，方可进行调整，单位不得擅自超出核定限额增加库存现金。

4.1.4 库存现金账户设置

库存现金科目核算企业的库存现金。企业有内部周转使用备用金的，可以单独设置“备用金”科目。“库存现金”账户结构如图 4-1 所示。

借方	库存现金账户　　　　贷方
	期初余额
企业库存现金增加额	企业库存现金减少额
本期借方发生额合计	本期贷方发生额合计
期末余额反映企业持有的库存现金	

图 4-1 “库存现金账户”结构

4.2 现金收支的会计处理

现金收入主要包括：①单位或职工交回差旅费剩余款、赔偿款、备用金退回款；②收取不能转账的单位或个人的销售收入；③不足转账起点（起点为 100 元）的小额收入等。

4.2.1 现金收入业务

库存现金的账务处理如图 4-2 所示。

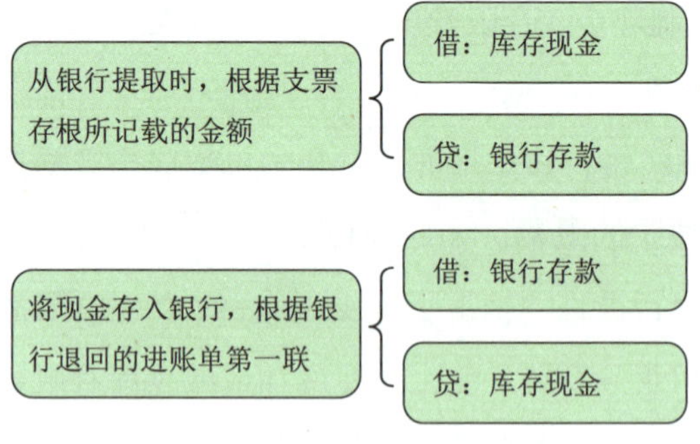

图 4-2 库存现金的账务处理

【例 4-1】2019 年 1 月 10 日，销售一部分材料，收到现金 3 480 元（税额 480 元），企业应作如下账务处理。收据见表 4-1。

借：库存现金　　3 480

　贷：其他业务收入——乙公司　　3 000

　　应交税费——应交增值税（销项税额）　　480

表 4-1　收　　据

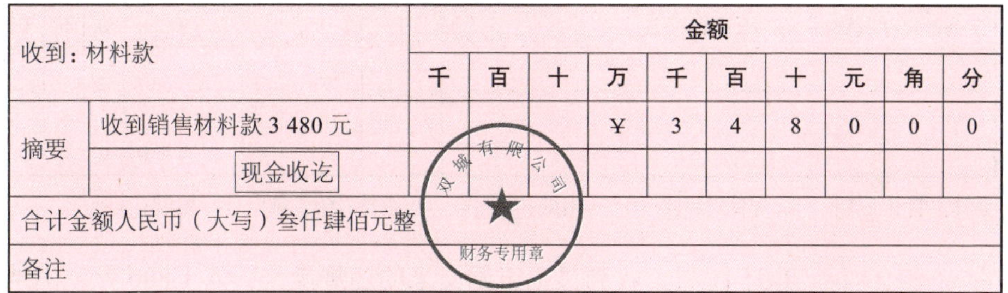

2019 年 1 月 10 日　　NO：3463576

收到：材料款		金额									
		千	百	十	万	千	百	十	元	角	分
摘要	收到销售材料款 3 480 元				¥	3	4	8	0	0	0
	现金收讫										
合计金额人民币（大写）叁仟肆佰元整											
备注											

收款单位（印章）：　　收款人：张娜　　交款人：唐娟

根据上述业务，编制记账凭证，见表 4-2。

表 4-2　收款凭证

附件：001 张

借方科目：库存现金　　2019 年 1 月 10 日　　现收字第 09 号

摘要	贷方科目		账页	金额								
	一级科目	二级或明细科目		百	十	万	千	百	十	元	角	分
收到乙公司零星货款 3 480 元	其他业务收入						3	0	0	0	0	0
	应交税费	应交增值税（销项税额）						4	8	0	0	0
合计						¥	3	4	8	0	0	0

会计主管：王青　　记账：薛冰　　出纳：季明　　审核：杨子羲　　填制：李佳

当天存入银行。

借：银行存款 3 480

贷：库存现金 3 480

根据上述业务，编制记账凭证，见表 4-3。

表 4-3 付款凭证

附件：1 张

贷方科目：库存现金　　2019 年 1 月 10 日　　现付字第 001 号

摘要	借方科目		账页	金额								
	一级科目	二级或明细科目		百	十	万	千	百	十	元	角	分
3 480 元存入银行	银行存款						3	4	8	0	0	0
合计						¥	3	4	8	0	0	0

会计主管：王青　记账：薛冰　出纳：季明　审核：杨子羲　填制：李佳

【例 4-2】 1 月 11 日，收到员工唐娟交来的违规操作罚款 1 800 元，出纳开具收款收据，见表 4-4。

表 4-4 收　据

2019 年 1 月 11 日　　NO：

收到：唐娟		金额									
		千	百	十	万	千	百	十	元	角	分
摘要	违规操作罚款 1 800 元				¥	1	8	0	0	0	0
	现金收讫										
合计金额人民币（大写）叁仟肆佰元整											
备注											

（印章：双隆有限公司 财务专用章）

收款单位（印章）：　　收款人：　　交款人：

根据上述业务，编制记账凭证，见表 4-5。

借：库存现金 1 800

贷：营业外收入 1 800

表 4-5　收款凭证

附件：1 张

借方科目：库存现金　　2019 年 1 月 11 日　　现收字第 003 号

摘　要	贷方科目		账页	金额								
	一级科目	二级或明细科目		百	十	万	千	百	十	元	角	分
收到陈东交来的违规操作款 1 800 元	营业外收入						1	8	0	0	0	0
合计						¥	1	8	0	0	0	0

会计主管：王青　记账：薛冰　出纳：季明　审核：杨子羲　填制：李佳

1 月 18 日，零售 100 套绣花四件套，收到现金 18 792 元。

借：库存现金　18 792

　贷：主营业务收入　16 200

　　应交税费——应交增值税（销项税额）　2 592

4.2.2 现金支出业务

库存现金支出是指企业在其生产经营和非生产经营业务中向外支付的库存现金。库存现金支出的核算以库存现金支出原始凭证为依据，分为外来原始凭证和自制原始凭证两部分。常见的库存现金支出原始凭证包括借据、工资结算单、报销单、差旅费报销单、领款收据等。账务处理如图 4-3 所示。

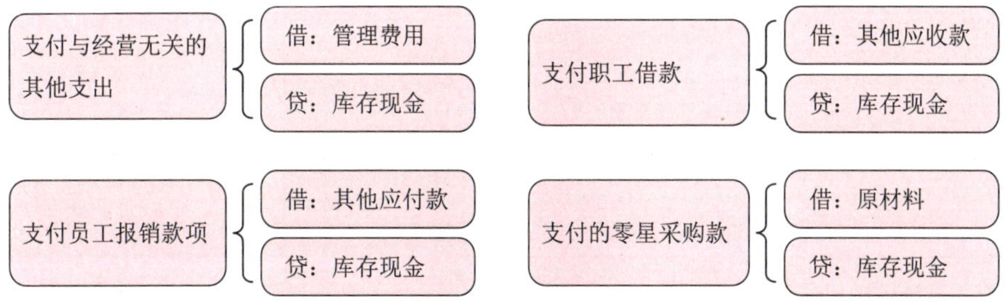

图 4-3　现金支出的账务处理

【例 4-3】2019 年 1 月 13 日，双城有限公司签发支票从银行提取现金 5 000 元作为备用金。如图 4-4 所示，账务处理如下。

借：库存现金　　5 000

　贷：银行存款　　5 000

中国工商银行
现金支票存根

IV 3544765

科　　目：
对方科目：

收款人：本公司
金　额：5 000 元
用　途：备用金

出票日期 2019 年 1 月 13 日
单位主管 何小荷　会计 薛冰

图 4-4　现金支票存根

根据上述业务，编制记账凭证，见表 4-6。

表 4-6　收款凭证

附件：2 张

借方科目：库存现金　　2019 年 1 月 13 日　　现收字第 005 号

摘　要	贷方科目		账页	金额								
	一级科目	二级或明细科目		百	十	万	千	百	十	元	角	分
签发支票从银行提取备用金 5 000 元	银行存款						5	0	0	0	0	0
合计						¥	5	0	0	0	0	0

会计主管：王青　记账：薛冰　出纳：季明　审核：杨子羲　填制：李佳

【例 4-4】 1 月 14 日，用现金 2 000 元，支付招待费。登记会计凭证，见表 4-7。

借：管理费用——招待费　　2 000

　　贷：库存现金　　2 000

表 4-7　付款凭证

附件：2 张

贷方科目：库存现金　　2019 年 1 月 14 日　　现付字第 009 号

摘　要	借方科目		账页	金额								
	一级科目	二级或明细科目		百	十	万	千	百	十	元	角	分
支付招待费 2 000 元	管理费用						2	0	0	0	0	0
合计						¥	2	0	0	0	0	0

会计主管：王青　记账：薛冰　出纳：季明　审核：杨子羲　填制：李佳

15 日，支付员工张洁个人借款 5 000 元，以现金支付。见表 4-8。

表 4-8　借据单

借款部门	管理部	职别	文员	借款人姓名	张洁
借款事由	因孩子住院，借款 5 000 元				
预借款金额人民币（大写）	⊗伍仟元整　现金付讫				
部门负责审批意见：李畅			主管领导审批意见：郭辰		

根据上述业务，编制记账凭证，见表 4-9。

借：其他应收款　　5 000

　　贷：库存现金　　5 000

表 4-9 付款凭证

附件：1 张

贷方科目：库存现金　　2019 年 1 月 15 日　　现付字第 010 号

摘　要	借方科目		账页	金额								
	一级科目	二级或明细科目		百	十	万	千	百	十	元	角	分
支付张洁借款 5 000 元	其他应收款	张洁					5	0	0	0	0	0
合计						¥	5	0	0	0	0	0

会计主管：肖丽　　记账：张子非　　出纳：侯明　　审核：杨东　　填制：

18 日，出纳人员将本月高于限额的现金 12 000 元送缴银行，其中 100 元 70 张，50 元 60 张，20 元 50 张，10 元 70 张，5 元 30 张，1 元 150 张。见表 4-10。

表 4-10 中国工商银行现金交款单

2019 年 1 月 18 日　　第 011 号

收款人	全　称	双城有限公司												
	账　号	432543457	款项来源	商品收入										
	开户银行	中国银行深圳市东山支行	交款人	赵春										
人民币（大写）：壹拾贰万元整				千	百	十	万	千	百	十	元	角	分	
						¥	1	2	0	0	0	0	0	

主币	券别	壹佰元	伍拾元	贰拾元	拾元	伍元	贰元	壹元	收款员：李林娜
	张数	70	60	50	70	30		150	
辅币	券别	伍角	贰角	壹角	伍分	贰分	壹分		复核员：贾小冬
	张数								

根据上述业务，编制记账凭证，见表 4-11。

借：银行存款　　12 000

　　贷：库存现金　　12 000

表 4-11　付款凭证

附件：1 张

贷方科目：库存现金　　2019 年 1 月 18 日　　现付字第 011 号

摘　要	借方科目		账页	金额								
	一级科目	二级或明细科目		百	十	万	千	百	十	元	角	分
12 000 元存入银行	银行存款					1	2	0	0	0	0	0
合计					¥	1	2	0	0	0	0	0

会计主管：肖丽　　记账：张子非　　出纳：侯明　　审核：杨东　　填制：

1 月 21 日，以现金支付销售部会务费 2 200 元。根据上述经济业务，企业应作如下账务处理，见表 4-12。

借：销售费用——会务费　　2 200

　贷：库存现金　　2 200

表 4-12　付款凭证

附件：1 张

贷方科目：库存现金　　2019 年 1 月 21 日　　现付字第 012 号

摘　要	借方科目		账页	金额								
	一级科目	二级或明细科目		百	十	万	千	百	十	元	角	分
支付销售部会务费 2 200 元	销售费用	会务费					2	2	0	0	0	0
合计						¥	2	2	0	0	0	0

会计主管：王青　　记账：薛冰　　出纳：季明　　审核：杨子羲　　填制：李佳

22 日，管理部门用库存现金 1 400 元购买办公用品。

借：管理费用　　1 400

　贷：库存现金　　1 400

根据上述业务，编制记账凭证，见表 4-13。

表 4-13 付款凭证

附件：1 张

贷方科目：库存现金　　　　2019 年 1 月 22 日　　　　现付字第 013 号

摘　要	借方科目		账页	金额								
	一级科目	二级或明细科目		百	十	万	千	百	十	元	角	分
用现金 1 400 元购买办公用品	管理费用						1	4	0	0	0	0
合计						¥	1	4	0	0	0	0

会计主管：王青　　记账：薛冰　　出纳：季明　　审核：杨子羲　　填制：李佳

4.2.3 登记现金日记账

期末，登记现金日记账，见表 4-14。

表 4-14 现金日记账

2019 年		凭证科目代码	摘　要	对方科目	借方										贷方										余额									
月	日				千	百	十	万	千	百	十	元	角	分	千	百	十	万	千	百	十	元	角	分	千	百	十	万	千	百	十	元	角	分
1	1		期初余额																										4	4	0	0	0	0
1	10	略	收到销售货款	其他业务收入					3	4	8	0	0	0															7	8	8	0	0	0
1	10	略	存入银行	银行存款															3	4	8	0	0	0					4	4	0	0	0	0
1	11	略	收到罚款	营业外收入					1	8	0	0	0	0															6	2	0	0	0	0
1	13	略	提现 #4765	银行存款					5	0	0	0	0	0														1	1	2	0	0	0	0
1	14	略	以现金支付职工招待费	管理费用															2	0	0	0	0	0					9	2	0	0	0	0
1	15	略	支付张洁借款 5 000 元	其他应收款															5	0	0	0	0	0					4	2	0	0	0	0
1	18	略	收到零售收入款	主营业务收入				1	8	7	9	2	0	0														2	2	9	9	2	0	0
1	18	略	零售收入款存入银行	银行存款														1	2	0	0	0	0	0				1	0	9	9	2	0	0

续上表

2019 年		凭证科目代码	摘　要	对方科目	借　方										贷　方										余　额									
月	日				千	百	十	万	千	百	十	元	角	分	千	百	十	万	千	百	十	元	角	分	千	百	十	万	千	百	十	元	角	分
1	21		支付销售部会务费	销售费用															2	2	0	0	0	0					8	7	9	2	0	0
1	22		购买办公用品	管理费用															1	4	0	0	0	0					7	3	9	2	0	0
1	31		本月合计					2	9	0	7	2	0	0				2	6	0	8	0	0	0					7	3	9	2	0	0

4.3 库存现金盘点

企业盘点库存现金，通常包括对已收到但未存入银行的现金、备用金、零钱等的盘点。盘点库存现金的时间和人员应视被审计单位的具体情况而定，但必须有现金出纳员和被审计单位会计主管人员参加，并由注册会计师进行监盘。

4.3.1 现金盘点的要求

抽查时间最好选择在上午上班前或下午下班时进行，盘点的范围一般包括被审计单位各部门经管的现金。

（1）在进行现金盘点前，应由出纳员将现金集中起来存入保险柜。必要时可加以封存，然后由出纳员把已办妥现金收付手续的收付款凭证登入库存现金日记账。如被审计单位库存现金存放部门有两处或两处以上的，应同时进行盘点。

（2）出纳应当面打开保险柜，进行清点，并把现金数登记入现金盘点表内的“库存现金”名目下。如发现有借条之类的，不算入现金，过入到“未入账现金支出”名目下。

（3）由出纳员根据库存现金日记账加计累计数额，结出现金结余。

（4）盘点保险柜的现金实存数，同时由注册会计师编制“库存现金盘点表”，分币种、面值列示盘点金额。

①未入账收入项：在现金盘点表内有此项，此项主要是一些已经有收入，但在现金日记账（一般不包括此项，因要严格要求现金日记账时刻与库存现金一致）或现金明细账内未登记的。让出纳人员找到未入账的凭证，一一核实其真实性。

②未入账支出项：该项中一般是先入账，未实际支付现金的，应尽量与当事人核对这些票据的真实性。

当这些项目数据都在“现金盘点表”内录制完毕，计算公式如下：

盘盈现金＝实际库存现金＋未入账支出－账上现金余额－未入账收入

【例 4-5】双城有限公司月末进行现金盘点，根据盘点结果，出纳人员编制现金盘点表，见表 4-15。

表 4-15 库存现金盘点表

单位名称：双城有限公司　　　　盘点日期：2019 年 1 月 31 日

现金盘点情况			账目核对	
面额	张数	金额	项目	金额
100 元	14	1 400	未入账收入项	
50 元	10	500	未入账支出项	
20 元	8	160		
10 元	5	50		
5 元	7	35		
1 元	10	10		
5 角	12	6		
2 角				
1 角	13	1.30		
5 分				
2 分				
1 分				
	合计	2 162.30		
调整事项处理意见				

续上表

<table>
<tr><td colspan="4">出纳员（签字）季明

盘点人员（签字）季明

主管会计（签字）王菁</td></tr>
<tr><td>编制人及时间</td><td>2019 年 1 月 31 日</td><td>复核人及时间</td><td>2019 年 1 月 31 日</td></tr>
</table>

4.3.2 现金短缺的账务处理

企业在对库存现金进行盘点时，如发现账实不符，应及时进行账务处理。库存现金盘点短缺的账务处理，如图 4-5 所示。

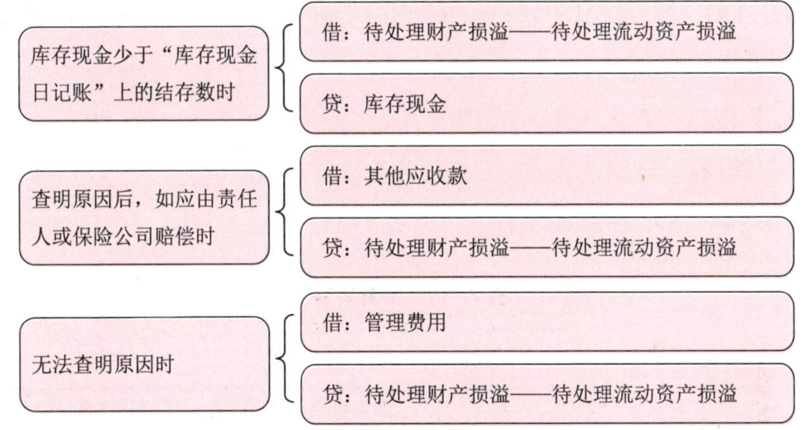

图 4-5　库存现金盘点短缺的账务处理

【例 4-6】 承上例，双城有限公司 2019 年 1 月 31 日对库存现金盘点时，实地盘点的库存现金金额为 2 162.30 元，现金日记账账面余额为 2 314 元，造成库存现金短缺的原因有待进一步查明。

借：待处理财产损溢——待处理流动资产损溢　　151.70

　　贷：库存现金　　151.70

根据上述业务，编制记账凭证，见表 4-16。

表 4-16 付款凭证

附件：2 张

贷方科目：库存现金　　2019 年 1 月 31 日　　现付字第 012 号

摘 要	借方科目		账页	金额								
	一级科目	二级或明细科目		百	十	万	千	百	十	元	角	分
月末清点现金缺少 151.70 元	待处理财产损溢	待处理流动资产损溢						1	5	1	7	0
合计							¥	1	5	1	7	0

会计主管：王青　　记账：薛冰　　出纳：季明　　审核：杨子羲　　填制：李佳

如经查明，库存现金短缺的原因是由于出纳员的工作不认真造成的，出纳员江英当即赔偿了短缺款。

借：其他应收款　　151.70

　　贷：待处理财产损溢——待处理流动资产损溢　　151.70

根据上述资料，编制收款凭证，见表 4-17。

表 4-17 转账凭证

附件：2 张

2019 年 1 月 31 日　　现收字第 008 号

摘要	一级科目	二级或明细科目	账页	借方金额									贷方金额								
				百	十	万	千	百	十	元	角	分	百	十	万	千	百	十	元	角	分
出纳员赔偿现金短缺 151.70 元	其他应收款							1	5	1	7	0									
	待处理财产损溢	待处理流动资产损溢															1	5	1	7	0
合计							¥	1	5	1	7	0				¥	1	5	1	7	0

会计主管：王青　　记账：薛冰　　出纳：季明　　审核：杨子羲　　填制：李佳

4.3.3 现金溢余的账务处理

库存现金盘点溢余的账务处理，如图 4-6 所示。

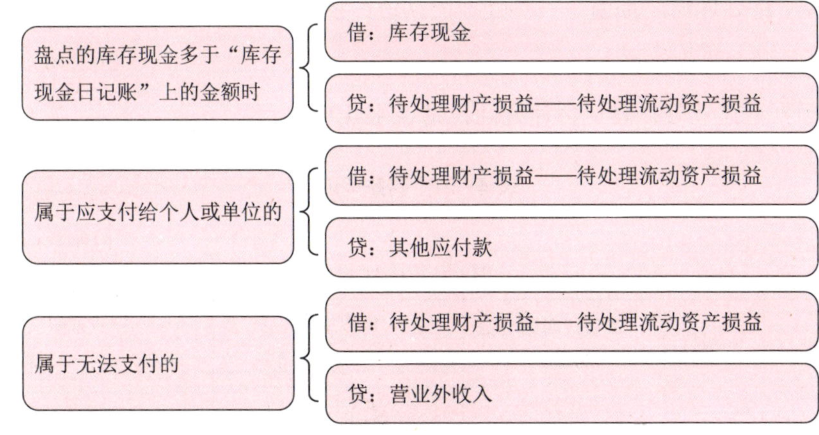

图 4-6　库存现金盘点溢余的账务处理

【例 4-7】若上例中双城有限公司 2019 年 1 月 31 日对库存现金盘点时，现金日记账账面余额为 1 900 元，造成库存现金比账上多出 262.30 元的原因有待进一步查明。

借：库存现金　　262.30

　　贷：待处理财产损溢——待处理流动资产损溢　　262.30

根据上述业务，登记会计凭证，见表 4-18。

表 4-18　收款凭证

附件：2 张

借方科目：库存现金　　2019 年 1 月 31 日　　现收字第 009 号

摘　要	贷方科目		账页	金额								
	一级科目	二级或明细科目		百	十	万	千	百	十	元	角	分
现金多出 262.30 元	待处理财产损溢	待处理流动资产损溢						2	6	2	3	0
合计							¥	2	6	2	3	0

会计主管：王青　　记账：薛冰　　出纳：季明　　审核：杨子羲　　填制：李佳

经核查后，没有发现造成库存现金溢余的原因，经批准，作为营业外收入处理。

借：待处理财产损溢——待处理流动资产损溢　　　　　262.30

　　贷：营业外收入　　　　　　　　　　　　　　　　　262.30

根据上述业务，登记会计凭证，见表 4-19。

表 4-19　转账凭证

附件：× × 张

2019 年 1 月 31 日　　　　转字第__号

摘要	一级科目	二级或明细科目	账页	借方金额									贷方金额								
				百	十	万	千	百	十	元	角	分	百	十	万	千	百	十	元	角	分
现金溢余 262.30 元作为营业外收入	待处理财产损溢	待处理流动资产损溢						2	6	2	3	0									
	营业外收入																2	6	2	3	0
合计							¥	2	6	2	3	0				¥	2	6	2	3	0

会计主管：王青　　记账：薛冰　　出纳：季明　　审核：杨子羲　　填制：李佳

小贴示

（1）严格执行现金清查盘点制度，保证现金安全完整。出纳人员每天盘点现金实有数，与现金日记账的账面余额核对，保证账实相符。企业会计部门必须定期或不定期地进行清查盘点，及时发现或防止差错以及挪用、贪污、盗窃等不法行为的发生。如果出现长短款，必须及时查找原因。

（2）现金收入必须当天入账，当天送存银行，如收进的现金是银行当天停止收款以后发生的，也应在第二天送存银行。当日送存确有困难的，应取得开户银行同意后，按双方协商的时间送存。

第 5 章
银行结算业务核算

银行结算是指不使用现金，通过银行将款项从付款单位（或个人）的银行账户直接划转到收款单位（或个人）的银行账户的货币资金结算方式。

5.1 银行存款账户

企业银行存款账户可以分为人民币账户和外币账户。人民币账户又可以分为人民币基本存款账户、人民币一般存款账户、人民币临时存款账户与人民币专用存款账户四大类。而外币账户按照国家外汇管理局规定分为，经常项目外汇账户与资本项目外汇账户两大类。

经常项目外汇账户主要用于经常项目外汇的收入与支出，也可用于经外汇管理部门批准的资本项目的支出。明细外汇账户有：结算户、代理户、工程承包户、驻华机构经费专户、保证金户等。

资本项目外汇账户主要为资本项目下各类贷款、直接投资、证券投资等专户，它可用于经常项目支出或资本项目支出。明细账户有：资本金户、国内金融机构外汇贷款账户、外债户、还本付息专户、股票专户等。

5.1.1 银行存款账户的具体运用

1. 银行存款账户的设置

企业可根据实际业务的需要，设置明细科目。见表 5-1。

表 5-1 银行存款会计科目编码的设置

科目代码	总分类科目（一级科目）	明细分类科目		
		二级明细科目	三级明细科目	四级明细科目
1002	银行存款			
100201	银行存款	人民币		
10020101	银行存款	人民币	××银行	
10020102	银行存款	人民币	××银行	
10020103	银行存款	人民币	××银行	
100202	银行存款	外币		
10020201	银行存款	外币	经常项目外汇账户	结算户

续上表

科目代码	总分类科目（一级科目）	明细分类科目		
		二级明细科目	三级明细科目	四级明细科目
10020202	银行存款	外币	经常项目外汇账户	代理户
10020203	银行存款	外币	经常项目外汇账户	工程承包户
10020204	银行存款	外币	经常项目外汇账户	驻华机构经费专户
10020205	银行存款	外币	经常项目外汇账户	保证金
10020206	银行存款	外币	资本项目外汇账户	资本金户
10020207	银行存款	外币	资本项目外汇账户	国内金融机构外汇贷款账户
10020208	银行存款	外币	资本项目外汇账户	外债户
10020209	银行存款	外币	资本项目外汇账户	还本付息专户
10020210	银行存款	外币	资本项目外汇账户	股票专户

企业应当设置银行存款总账和银行存款日记账，分别进行银行存款的总分类核算和明细分类核算。企业可按开户银行和其他金融机构存款种类等设置“银行存款日记账”，根据收付款凭证，按照业务的发生顺序逐笔登记。每日终了，应结出余额，并对银行存款收支业务及时进行账务处理。为了反映和监督企业银行存款的收入、支出和结存情况，企业应当设置“银行存款”科目，借方登记企业银行存款的增加，贷方登记企业银行存款的减少，期末借方余额反映企业实际持有的银行存款的金额。

5.1.2 银行存款收入的账务处理

收款企业收到支票时，应填制进账单，连同收到的支票到银行办理收款手续后，以银行签章退回的进账单回单联及其他相关凭证，编制收款凭证，借记“银行存款”账户，贷记有关账户。

【例 5-1】 2019 年 1 月 4 日，双城有限公司收到甲公司前欠货款 31 320 元，其中增值税额 4 320 元。银行进账单见表 5-2。

表 5-2 中国工商银行进账单（回单或收账通知）

进账日期：2019 年 1 月 4 日　　　　第 3356 号

收款人	全　称	双城有限公司	付款人	全　称	甲公司
	账　号	2367871208088075		账　号	236456970987653432
	开户银行	工商银行深圳福田支行		开户银行	工商银行深圳龙岗支行

人民币（大写）：⊗叁万壹仟叁佰贰拾元整	千	百	十	万	千	百	十	元	角	分
			¥	3	1	3	2	0	0	0

票据种类	转账支票	
票据张数	1	
主管　会计　复核　记账		收款人开户银行盖章（略）

此联给收款人的收账通知

借：银行存款　　31 320

　　贷：应收账款——甲公司　　27 000

　　　　应交税费——应交增值税（销项税额）　　4 320

根据上述业务，编制记账凭证，见表 5-3。

表 5-3 收款凭证

附件：1 张

借方科目：银行存款　　2019 年 1 月 4 日　　银收字第 03 号

摘要	贷方科目		账页	金额								
	一级科目	二级或明细科目		百	十	万	千	百	十	元	角	分
收到甲公司货款 31 320 元	应收账款	甲公司				2	7	0	0	0	0	0
	应交税费	应交增值税（销项税额）					4	3	2	0	0	0
合计					¥	3	1	3	2	0	0	0

会计主管：王青　　记账：薛冰　　出纳：季明　　审核：杨子羲　　填制：李佳

【例 5-2】 双城有限公司为增值税一般纳税人，销售一批产品给乐天公司，收到转账支票。增值税专用发票上注明的售价为 42 000 元，增值税额为

6 720 元。已填制进账单，办妥有关收款手续，如图 5-1。

借：银行存款　　48 720

　贷：主营业务收入　　42 000

　　　应交税费——应交增值税（销项税额）　　6 720

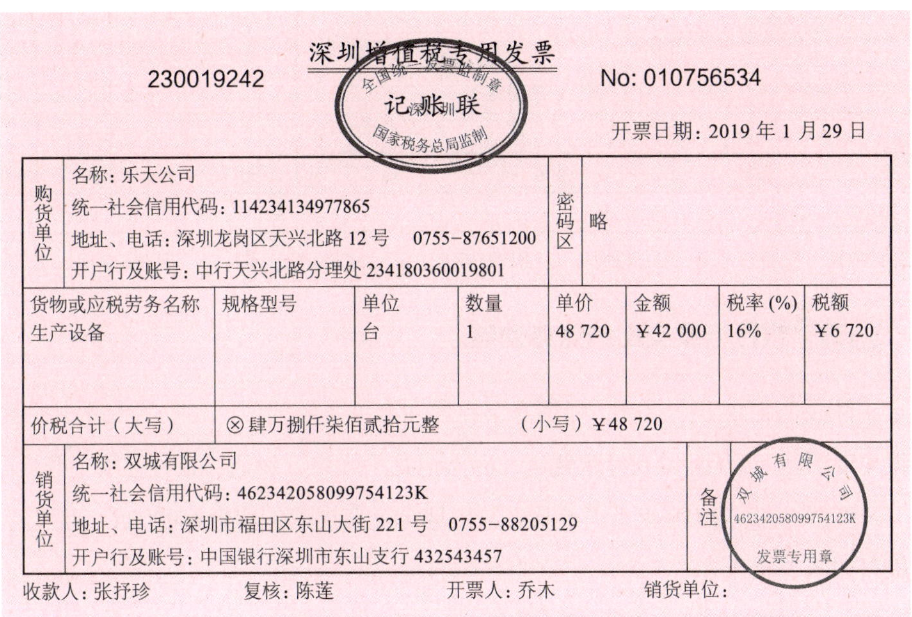

深圳增值税专用发票

230019242　　记账联　　No: 010756534

全国统一发票监制章 深圳 国家税务总局监制

开票日期：2019 年 1 月 29 日

购货单位	名称：乐天公司 统一社会信用代码：114234134977865 地址、电话：深圳龙岗区天兴北路 12 号　0755-87651200 开户行及账号：中行天兴北路分理处 234180360019801	密码区	略

货物或应税劳务名称	规格型号	单位	数量	单价	金额	税率 (%)	税额
生产设备		台	1	48 720	￥42 000	16%	￥6 720
价税合计（大写）	⊗肆万捌仟柒佰贰拾元整　（小写）￥48 720						

销货单位	名称：双城有限公司 统一社会信用代码：462342058099754123K 地址、电话：深圳市福田区东山大街 221 号　0755-88205129 开户行及账号：中国银行深圳市东山支行 432543457	备注	双城有限公司 462342058099754123K 发票专用章

收款人：张抒珍　　复核：陈莲　　开票人：乔木　　销货单位：

中国银行转账支票　　XVI768676564231

出票日期（大写）：贰零壹玖年零壹月贰拾玖日　　付款行名称：中国银行深圳市松岭支行

收款人：双城有限公司　　出票人账号：864735632

人民币

（大写）：肆万捌仟柒佰贰拾元整

千	百	十	万	千	百	十	万	千	百	十	元	角	分
						￥	4	8	7	2	0	0	0

上列款项请从我账户支付　　双城有限公司 财务专用章　　李明之印

出票人盖章：

密码：235457634657678

行号：114

复核：　记账：

图 5-1　财务单据

根据上述业务，编制记账凭证，见表 5-4。

表 5-4 收款凭证

附件：3 张

借方科目：银行存款　　　　2019 年 1 月 29 日　　　　银收字第 006 号

摘要	贷方科目		账页	金额								
	一级科目	二级或明细科目		百	十	万	千	百	十	元	角	分
向乐天公司销售一批产品，价款为 48 720 元	主营业务收入					4	2	0	0	0	0	0
	应交税费	应交增值税（销项税额）					6	7	2	0	0	0
合计					¥	4	8	7	2	0	0	0

会计主管：王青　　记账：薛冰　　出纳：季明　　审核：杨子羲　　填制：李佳

5.1.3 银行存款支出的账务处理

付款企业开出支票时，根据支票存根和有关原始凭证（如收款人开出的收据或发票等），及时编制付款凭证，应借记有关账户，贷记“银行存款”账户。

【例 5-3】2019 年 1 月 5 日，开出现金支票提取备用金 6 000 元。现金存根联如图 5-2 所示。

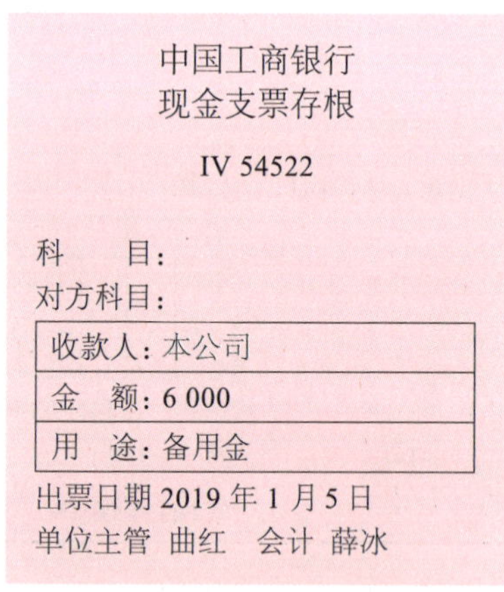

中国工商银行
现金支票存根

IV 54522

科　　目：
对方科目：

收款人：本公司
金　额：6 000
用　途：备用金

出票日期 2019 年 1 月 5 日
单位主管 曲红　会计 薛冰

图 5-2 现金支票

借：库存现金　　　　6 000
　　贷：银行存款　　　　6 000

根据上述业务，编制记账凭证，见表 5-5。

表 5-5　付款凭证

附件：3 张

贷方科目：银行存款　　2019 年 1 月 5 日　　银付字第 014 号

摘　要	借方科目		账页	金额								
	一级科目	二级或明细科目		百	十	万	千	百	十	元	角	分
提取备用金 6 000 元	库存现金	本公司					6	0	0	0	0	0
合计						¥	6	0	0	0	0	0

会计主管：王青　记账：薛冰　出纳：季明　审核：杨子蓁　填制：李佳

【例 5-4】 2019 年 1 月 7 日，向开户行申请开具一张银行汇票，票面金额 36 000 元，用于采购物资。收款人为天津利峰有限公司。银行汇票申请书存根见表 5-6。

表 5-6　银行汇票申请书存根

申请日期：2019 年 1 月 7 日　　NO.0000123

银行打印					
	业务类型	电汇□　信汇□　汇票申请书☑　本票申请书□　其他□	汇款方式		普通□　加急□
申请人	全　称	双城有限公司	收款人	全　称	天津利峰有限公司
	账号或地址	432543457		账号或地址	8346576767
	开户行名称	中国银行深圳市东山支行		开户行名称	中国银行天津河西支行
	开户银行			开户银行	
金额（大写）人民币		⊗叁万陆仟元整	千 百 十 万 千 百 十 元 角 分		¥ 3 6 0 0 0 0 0
支付密码	3457698787		上列款项及相关费用请从我账户内支付。		
加急汇款签字					
用途	货款				
附加信息及用途			双城有限公司 财务专用章　申请人签章　2019 年 1 月 7 日		

会计主管：　　复核：　　记账：

借：其他货币资金——银行汇票　　36 000

　　贷：银行存款　　36 000

根据上述业务，编制记账凭证，见表 5-7。

表 5-7　付款凭证

附件：1 张

贷方科目：银行存款　　2019 年 1 月 7 日　　银付字第 04 号

摘　要	借方科目		账页	金额								
	一级科目	二级或明细科目		百	十	万	千	百	十	元	角	分
申请银行汇票 36 000 元	其他货币资金	银行汇票				3	6	0	0	0	0	0
合计					¥	3	6	0	0	0	0	0

会计主管：肖丽　　记账：张子非　　出纳：侯明　　审核：杨东　　填制：

【例 5-5】双城有限公司为增值税一般纳税人，存货采用实际成本计价。该公司从丹江制造公司购入原材料一批，增值税专用发票上注明的售价为 81 000 元，增值税额为 12 960 元，款项已用转账支票付讫，材料已验收入库。银行存款付款凭证，如图 5-3 所示。

中国工商银行
转账支票存根

IV 756434

科　　目：
对方科目：
出票日期 2019 年 1 月 30 日

收款人：丹江制造公司
金　额：93 960
用　途：购货款

单位主管　曲漫　　会计　沙方

图 5-3　转账支票存根

借：原材料　　81 000

应交税费——应交增值税（进项税额） 12 960

贷：银行存款 93 960

根据上述业务，编制凭证见表 5-8。

表 5-8 付款凭证

附件：2 张

贷方科目：银行存款　　2019 年 1 月 30 日　　银付字第 013 号

摘 要	借方科目		账页	金额								
	一级科目	二级或明细科目		百	十	万	千	百	十	元	角	分
从丹江制造公司购入原材料，价款为 93 960 元	原材料	丹江制造公司				8	1	0	0	0	0	0
	应交税费	应交增值税（进项税额）				1	2	9	6	0	0	0
合计					¥	9	3	9	6	0	0	0

会计主管：王青　记账：薛冰　出纳：季明　审核：杨子羲　填制：李佳

【例 5-6】 2019 年 1 月 14 日，支付已到期的商业承兑汇票，金额为 110 000 元，商业承兑汇票存根见表 5-9。

表 5-9 商业承兑汇票

签发日期：2019 年 1 月 14 日　　第 0223 号

付款人	全 称	双城有限公司			收款人	全 称	天阳有限公司		
	账 号	2367871208088075				账 号	89764860231546657687		
	开户银行	工商银行	行号	12		开户银行	建设银行广州白云支行	行号	45

出票金额	人民币（大写）⊗壹拾壹万元整	千	百	十	万	千	百	十	元	角	分
			¥	1	1	0	0	0	0	0	0
汇票到期日	2019 年 1 月 14 日										
备注：	承兑协议编号		交易合同号码								
	负责：　经办：										

此联签发人存查

借：应付票据——商业承兑汇票 110 000

贷：银行存款　　　　　　　　　　　　　　　　110 000

根据上述业务，编制记账凭证，见表 5-10。

表 5-10　付款凭证

附件：3 张

贷方科目：银行存款　　　　2019 年 1 月 14 日　　　　银付字第 009 号

<table>
<tr><td rowspan="2">摘　要</td><td colspan="2">借方科目</td><td rowspan="2">账页</td><td colspan="9">金额</td></tr>
<tr><td>一级科目</td><td>二级或明细科目</td><td>百</td><td>十</td><td>万</td><td>千</td><td>百</td><td>十</td><td>元</td><td>角</td><td>分</td></tr>
<tr><td>支付银行汇票 110 000 元</td><td>应付票据</td><td>商业承兑汇票</td><td></td><td></td><td>1</td><td>1</td><td>0</td><td>0</td><td>0</td><td>0</td><td>0</td><td>0</td></tr>
<tr><td></td><td></td><td></td><td></td><td></td><td></td><td></td><td></td><td></td><td></td><td></td><td></td><td></td></tr>
<tr><td></td><td></td><td></td><td></td><td></td><td></td><td></td><td></td><td></td><td></td><td></td><td></td><td></td></tr>
<tr><td colspan="3">合计</td><td></td><td>¥</td><td>1</td><td>1</td><td>0</td><td>0</td><td>0</td><td>0</td><td>0</td><td>0</td></tr>
</table>

会计主管：王青　　记账：薛冰　　出纳：季明　　审核：杨子羲　　填制：李佳

【例 5-7】 2019 年 1 月 20 日，双城有限公司从亚运公司购买一台机器设备，价款共计 90 480 元。采用加急电汇结算方式支付全部款项，电汇凭证回单见表 5-11。

表 5-11　中国工商银行电汇凭证

☐普通　☐加急　　　　委托日期：2019 年 1 月 20 日

<table>
<tr><td rowspan="3">汇款人</td><td>全称</td><td colspan="3">双城有限公司</td><td rowspan="3">收款人</td><td>全称</td><td colspan="3">亚运公司</td></tr>
<tr><td>账号或住址</td><td colspan="3">432543457</td><td>账号或住址</td><td colspan="3">5687687969</td></tr>
<tr><td>汇出地点</td><td>深圳 市 县</td><td>汇出行名称</td><td>中国银行深圳东山支行</td><td>汇入地点</td><td>广州市县</td><td>汇入行名称</td><td>建设银行广州蓝宇支行</td></tr>
<tr><td colspan="2" rowspan="2">金额</td><td colspan="6" rowspan="2">人民币（大写）　⊗玖万零肆佰捌拾元整</td><td colspan="2">千 百 十 万 千 百 十 元 角 分</td></tr>
<tr><td colspan="2">　　 ¥ 9 0 4 8 0 0 0</td></tr>
<tr><td colspan="5">支付密码：457687</td><td colspan="5">客户签章</td></tr>
<tr><td colspan="5">附加信息及用途：货款</td><td colspan="5">录入　　复核</td></tr>
</table>

借：固定资产　　　　　　　　　　　　　　　　78 000

　　应交税费——应交增值税（进项税额）　　　12 480

贷：银行存款　　　　　　　　　　　　　　　90 480

根据上述业务，编制记账凭证，见表 5-12。

表 5-12　付款凭证

附件：1 张

贷方科目：银行存款　　　　　2019 年 1 月 20 日　　　　　银付字第 014 号

摘　要	借方科目		账页	金额								
	一级科目	二级或明细科目		百	十	万	千	百	十	元	角	分
购买固定资产	固定资产					7	8	0	0	0	0	0
支付增值税	应交税费	应交增值税（进项税额）				1	2	4	8	0	0	0
合计					¥	9	0	4	8	0	0	0

会计主管：王青　　记账：薛冰　　出纳：季明　　审核：杨子羲　　填制：李佳

期末，登记银行存款日记账实例，见表 5-13。

表 5-13　银行存款日记账

2019 年		凭证科目代码	摘　要	对方科目	借　方										√	贷　方										√	余　额									
月	日				千	百	十	万	千	百	十	元	角	分		千	百	十	万	千	百	十	元	角	分		千	百	十	万	千	百	十	元	角	分
1	1		期初余额																									2	2	9	0	0	0	0	0	0
1	4	银收	向甲公司销售一批产品	应收账款				3	1	3	2	0	0	0												√		2	3	2	1	3	2	0	0	0
1	5	银付	提备用金	库存现金																6	0	0	0	0	0	√		2	3	1	5	3	2	0	0	0
1	7	银付	申请银行汇票	其他货币资金															3	6	0	0	0	0	0	√		2	2	7	9	3	2	0	0	0
1	12	银付	支付丹江制造公司原料款	原材料															9	3	9	6	0	0	0	√		2	1	8	5	3	6	0	0	0
1	14	银付	支付已到期票据	应付票据														1	1	0	0	0	0	0	0	√		2	0	7	5	3	6	0	0	0
1	20	银付	购入亚运公司设备	固定资产															9	0	4	8	0	0	0	√		1	9	8	4	8	8	0	0	0
1	29	银收	收到乐天公司货款	主营业务收入				4	8	7	2	0	0	0														2	0	3	3	6	0	0	0	0
1	31		本月合计					8	0	0	4	0	0	0				3	3	6	4	4	0	0	0	√		2	0	3	3	6	0	0	0	0

5.2 外币业务

外币业务，是指企业以非记账本位币的其他货币进行款项支付、往来结算和计价的经济业务。

5.2.1 外币业务账户设置

外币业务的账务处理有外币统账制和外币分账制两种方法。

（1）外币统账制又称为本币记账法，是指企业发生外币业务时，必须及时折算为记账本位币记账，并以此编制会计报表的制度。一般企业发生外币业务笔数不多时，可以采用外汇统账制。

（2）外币分账制又称原币记账法，是指企业在日常核算时按照外币原币进行记账，分别不同的外币币种核算其所实现的损益，编制各种货币币种的会计报表。在资产负债表日一次性地将外币会计报表折算为记账本位币表示的会计报表，并与记账本位币业务编制的会计报表汇总编制整个企业一定会计期间的会计报表的制度。

为了进行外币核算，应设置外汇货币性项目的核算账户，见表5-14。

表5-14　外币账户的设置

账户种类	具体设置
外汇货币资金账户	库存现金——外币现金、银行存款——外汇存款
外汇结算的债权账户	应收账款——应收外汇账款、应收票据——应收外汇票据、预付账款——预付外汇账款
外汇结算的债务账户	长（短）期借款——长（短）期外汇借款、应付账款——应付外汇账款、应付票据——应付外汇票据、预收账款——预收外汇账款

5.2.2 外币业务的核算

1. 外币兑换交易

【例5-8】双城有限公司从银行购入25万美元，当日银行卖出价为1美

元 =6.45 元人民币，账务处理如下。见表 5-15、表 5-16。

借：银行存款——美元（250 000×6.45）　　　　　1 612 500

　　贷：银行存款——人民币（实际支付金额）　　　　　1 612 500

表 5-15　购买外汇申请书

工商银行深圳北安支行银行分 / 支行：

我司现按国家外汇管理局有关规定向贵行提出购汇申请，并随附有关凭证，请审核并按当日牌价办理售汇。

<table>
<tr><td rowspan="2">单位姓名</td><td rowspan="2">双城有限公司</td><td colspan="2">人民币账户</td><td colspan="2">432543457</td></tr>
<tr><td>外汇账户</td><td colspan="2">3465765654</td><td></td></tr>
<tr><td>购汇金额
（大小写）</td><td>美元贰拾伍万元整
250 000</td><td>当日汇率</td><td>1 : 6.45</td><td>折合人民币
（大小写）</td><td>1 612 500</td></tr>
<tr><td>购汇支付方式</td><td colspan="5">□√支票　□银行汇票　□银行本票　□扣账　□其他</td></tr>
<tr><td>购汇用途</td><td colspan="5">□√进口商品　□从属费用　□索赔退款　□还贷　□其他</td></tr>
<tr><td>对外结算方式</td><td colspan="5">□√信用证　□代收　□汇款　（□货到付款　□预付货款）</td></tr>
<tr><td rowspan="4">业务参考</td><td>商品名称</td><td>略</td><td>数　量</td><td colspan="2">略</td></tr>
<tr><td>合同号</td><td>略</td><td>发票号</td><td colspan="2">略</td></tr>
<tr><td>合同金额</td><td>略</td><td>发票金额</td><td colspan="2">略</td></tr>
<tr><td>核销单号</td><td>略</td><td>信用证号</td><td colspan="2">略</td></tr>
<tr><td>进口商品类型</td><td colspan="5">☑一般进口商品
□控制，批文随附如下：
□进口证明　□许可证　□登记证明　□其他批文
批文号码：　　　　批文有效期：</td></tr>
<tr><td colspan="3">申请人栏</td><td colspan="3">银行专用栏</td></tr>
<tr><td colspan="3">申请单位：双城有限公司
（盖章）
（印章：双城有限公司 财务专用章）
联系人：侯明
电话：63410543
2019 年 1 月 25 日</td><td colspan="3">银行审批意见：同意
经办：张平
复核：王烈
审批：孟阡
2019 年 1 月 25 日</td></tr>
</table>

表 5-16 外汇会计账簿（结售汇、套汇）

机构号码：091076535　　　　　日期：2019 年 1 月 25 日

业务编号				业务类型	售汇		起息日	
借方或付款单位	名称	双城有限公司			贷方或收款单位	名称	汇出汇款	
	账号	432543457				账号		
	币种与金额	CNY：1 612 500				币种与金额	USD250 000	
	汇率 / 利率	6.45	开户行			汇率 / 利率	6.45	
收汇金额			发票号		挂销单号			
交易摘要	购汇 USD250 000						工商银行深圳北安支行 2019. 1. 25 业务清讫	

交易代码　　　　　授权　　　　　复核　夏睿　　　　　经办　郭桐旭

根据上述业务，编制记账凭证，见表 5-17。

表 5-17 记账凭证

2019 年 1 月 25 日　　　　　字第 ×× 号

摘要	会计科目	美元金额										汇率	借方人民币金额										贷方人民币金额										记账
		千	百	十	万	千	百	十	元	角	分		千	百	十	万	千	百	十	元	角	分	千	百	十	万	千	百	十	元	角	分	
从银行购入外汇 25 万美元	银行存款 / 美元户			2	5	0	0	0	0	0	0	6.45		1	6	1	2	5	0	0	0	0											√
	银行存款 / 人民币																							1	6	1	2	5	0	0	0	0	√
合计													¥	1	6	1	2	5	0	0	0	0	¥	1	6	1	2	5	0	0	0	0	

会计主管：王青　　记账：薛冰　　出纳：季明　　审核：杨子羲　　填制：李佳

（1）外币购销交易。

企业从国外或境外购进存货、引进设备或者以外币结算购货款，应按照交易日的即期汇率或即期汇率近似的汇率将外币折算为人民币金额，以确定购进物资的入账价值，同时还应按照外币折算为人民币金额登记支付的款项形成的债务等有关外币账户。

企业承包国外或境外建安工程项目或者以外币结算合同价款，则应按照交易日的即期汇率或即期汇率近似的汇率将外币合同收入折算为人民币金额登记取得的款项或发生的债权等有关外币账户。

【例 5-9】 双城有限公司从境外购入一台施工设备，设备价款和境外运费共 1 200 000 美元，货款未付；关税及境内运费共 24 000 元人民币，已用银行存款支付。当日市场汇率为 1 美元 =6.51 元人民币。账务处理如下：

借：固定资产　　7 836 000

　贷：应付账款——美元（原币 × 当日市场汇率）

　　　　（1 200 000×6.51）7 812 000

　　　银行存款——人民币　　24 000

根据上述业务，编制记账凭证，见表 5-18。

表 5-18　记账凭证

2019 年 1 月 2 日　　字第　号

摘要	会计科目	美元金额										汇率	借方人民币金额										贷方人民币金额										记账
		千	百	十	万	千	百	十	元	角	分		千	百	十	万	千	百	十	元	角	分	千	百	十	万	千	百	十	元	角	分	
从境外购入一台施工设备	固定资产		1	2	0	0	0	0	0	0	0	6.51		7	8	3	6	0	0	0	0	0											
	应付账款 / 美元户																							7	8	1	2	0	0	0	0	0	
	银行存款 / 人民币																									2	4	0	0	0	0	0	
合计													¥	7	8	3	6	0	0	0	0	0	¥	7	8	3	6	0	0	0	0	0	

会计主管：王青　　记账：薛冰　　出纳：季明　　审核：杨子鑫　　填制：李佳

（2）外币借款交易。

外币借款交易，即企业从银行或其他金融机构取得外币借款以及归还借款的业务。企业借入外币资金时，按照借入外币时的即期汇率折算为记账本位币入账，同时按照借入外币的金额登记相关的外币账户。

【例 5-10】 双城有限公司以业务发生日为即期汇率作为记账汇率。从银行借入 100 000 美元，当日即期汇率为 1 美元 =6.54 元人民币。相关票据见表

5-19、表 5-20，账务处理如下。

借：银行存款——美元　　　　　　（100 000 × 6.54）654 000

　　贷：短期借款——美元　　　　　　　　　　　　654 000

总字第（09）号
字第 12 号

表 5-19　中国工商银行外币借款凭证（借据）　　1

信银贷字第 132 号　　　　　　2019 年 1 月 17 日

借款人全称	双城有限公司			贷款户账号	324354
贷款种类	短期借款	利率	年 6%	存款户账号	432543457
贷款金额	美元 （大写）⊗壹拾万元整				
借款原因或用途	设备款	约定还款期	2019 年 4 月 14 日		
根据你的贷款方法，借到上列贷款，特立借据存查。 借款人盖章 （预留银行印鉴）　何云之印		信贷部门审批意见： 会计分录： （借）________ （贷）________ 会计：　记账：			

千	百	十	万	千	百	十	元	角	分
	$	1	0	0	0	0	0	0	0

表 5-20　中国工商银行进账单（回单或收账通知）

进账日期：2019 年 1 月 17 日　　　　　　第 08 号

收款人	全称	双城有限公司	付款人	全称	中国银行深圳市东山支行
	账号	432543457		账号	
	开户银行	中国银行深圳市东山支行		开户银行	
美元（大写）：⊗壹拾万元整					
票据种类	转账支票	收款人开户银行盖章			
票据张数	1				
主管　会计　复核　记账		双城有限公司 财务专用章　　工商银行深圳北安支行 2019.1.17 业务清讫			

千	百	十	万	千	百	十	元	角	分
	$	1	0	0	0	0	0	0	0

此联给收款人的收账通知

根据上述业务，编制记账凭证，见表 5-21。

表 5-21　记账凭证

2019 年 1 月 17 日　　　　字第　号

摘要	会计科目	美元金额										汇率	借方人民币金额										贷方人民币金额										记账
		千	百	十	万	千	百	十	元	角	分		千	百	十	万	千	百	十	元	角	分	千	百	十	万	千	百	十	元	角	分	
从银行借入 10 万美元	银行存款 / 美元户			1	0	0	0	0	0	0	0	6.54			6	5	4	0	0	0	0	0											√
	短期借款 / 人民币																								6	5	4	0	0	0	0	0	√
合计														¥	6	5	4	0	0	0	0	0		¥	6	5	4	0	0	0	0	0	

会计主管：王青　　记账：薛冰　　出纳：季明　　审核：杨子羲　　填制：李佳

（3）接受外币资本投资。

接受外币资本投资，即所有者以外币作为资本投入企业的业务。企业收到所有者以外币投入的资本，无论是否有合同约定汇率，均不得采用合同约定汇率和即期汇率的近似汇率折算，而是采用交易日即期汇率折算，外币投入资本不会产生汇兑差额。

【例 5-11】 某中外合资经营企业采用人民币作为记账本位币，外币业务采用交易发生日的即期汇率折算。该企业注册资本为 400 万美元，合同约定分两次投入，约定折算汇率为 1 ∶ 6.3。中外投资者分别于 2019 年 1 月 1 日和 3 月 1 日投入 200 万美元和 150 万美元。2019 年 1 月 1 日、3 月 1 日、3 月 31 日美元对人民币的汇率分别为 1 ∶ 6.93、1 ∶ 6.95、1 ∶ 6.99。账务处理如下：

借：银行存款——美元

（2 000 000 × 6.93+1 500 000 × 6.95）24 285 000

　贷：实收资本——美元　　　　24 285 000

根据上述业务，编制记账凭证，见表 5-22。

CHAPTER 5

表 5-22 记账凭证

2019 年 3 月 31 日　　　　字第　号

摘要	会计科目	美元金额										汇率	借方人民币金额												贷方人民币金额												记账
		千	百	十	万	千	百	十	元	角	分		十	亿	千	百	十	万	千	百	十	元	角	分	十	亿	千	百	十	万	千	百	十	元	角	分	
收到实收资本350万美元	银行存款/美元户		2	0	0	0	0	0	0	0	0	6.93			1	3	8	6	0	0	0	0	0	0													
	银行存款/美元户		1	5	0	0	0	0	0	0	0	6.95			1	0	4	2	5	0	0	0	0	0													
	短期借款																										2	4	2	8	5	0	0	0	0	0	
合计														¥	2	4	2	8	5	0	0	0	0	0		¥	2	4	2	8	5	0	0	0	0	0	

会计主管：王青　　记账：薛冰　　出纳：季明　　审核：杨子羲　　填制：李佳

2. 期末外币项目余额的会计处理

（1）对于外币货币性项目，应当采用资产负债表日的即期汇率折算，因汇率波动而产生的汇兑差额作为财务费用，计入当期损益，同时调增或调减外币货币性项目的记账本位币金额。

【例 5-12】 双城有限公司外币业务采用业务发生时的即期汇率进行折算，按月计算汇兑损益。5 月 20 日对外销售产品发生应收账款 450 000 欧元，当日的市场汇率为 1 欧元 =7.35 元人民币。5 月 31 日的市场汇率为 1 欧元 =7.28 元人民币；6 月 1 日的市场汇率为 1 欧元 =7.32 元人民币；6 月 30 日的市场汇率为 1 欧元 =7.28 元人民币。7 月 10 日收到该应收账款，当日市场汇率为 1 欧元 =7.34 元人民币。

①销售时：

借：应收账款——欧元户　　3 307 500（450 000×7.35）

　贷：主营业务收入　　3 307 500

②收到时：

借：银行存款　　3 303 000（450 000×7.34）

　财务费用　　4 500〔450 000×（7.35−7.24）〕

　贷：应收账款——欧元户　　3 307 500（450 000×7.35）

③月末结汇：

借：财务费用　　　　　　27 000〔450 000×（7.34−7.28）〕

　　贷：银行存款——欧元户　　　　　　　　　　27 000

根据结汇业务，编制记账凭证，见表 5-23。

表 5-23　记账凭证

2019 年 7 月 10 日　　　　字第 011 号

摘要	会计科目	美元金额										汇率	借方人民币金额										贷方人民币金额										记账
		千	百	十	万	千	百	十	元	角	分		千	百	十	万	千	百	十	元	角	分	千	百	十	万	千	百	十	元	角	分	
结转销售商品汇率损失	财务费用			4	5	0	0	0	0	0	0	0.06				2	7	0	0	0	0	0											√
	银行存款/欧元户																									2	7	0	0	0	0	0	
合计															¥	2	7	0	0	0	0	0			¥	2	7	0	0	0	0	0	

会计主管：王青　　记账：薛冰　　出纳：季明　　审核：杨子羲　　填制：李佳

（2）非货币性项目，是指包括存货、长期股权投资、固定资产、无形资产、实收资本、资本公积等。

对于以历史成本计量的外币非货币性项目，除其外币币值发生变动外，已在交易发生日近似汇率折算，资产负债表日不应改变其原记账本位币金额，不产生汇总差额。例如，实收资本。

由于存货在资产负债表日采用成本与可变现净值孰低计量，因此在以外币购入存货并且该存货在资产负债表日的可变现净值以外币反映的情况下，在计提存货跌价准备时应当考虑汇率变动的影响。

【例 5-13】 双城有限公司以人民币为记账本位币，外币业务采用交易发生时的即期汇率结算。2018 年 11 月 20 日，以每台 1 100 美元的价格从美国某供货商手中购入国际最新型号 H 商品 10 台，并于当日以美元支付相应货款。2018 年 12 月 31 日，已售出 H 商品 2 台，国内市场仍无 H 商品供应，但 H 商品在国际市场价格已降至每台 950 美元。11 月 20 日的即期汇率为 1 美元 =6.82 元人民币，12 月 31 日的即期汇率为 1 美元 =6.96 元人民币。假定不考虑增值税等相关税费。

2018 年 12 月 31 日，双城有限公司应计提的存货跌价准备 =1 100×8×6.96−960×8×6.82=61 248−52 377.60=8 870.40（元）

借：资产减值损失　　　　　　　　　　8 870.40

　　贷：存货跌价准备　　　　　　　　　　8 870.40

5.3 其他货币资金

其他货币资金是指企业除库存现金、银行存款以外的各种货币资金，主要包括银行汇票存款、银行本票存款、信用卡存款、信用证保证金存款、存出投资款和外埠存款等。

5.3.1 其他货币资金科目设置

企业应按其他货币资金和种类设置明细账户，并按照外埠存款的开户银行，银行汇票或本票的收款单位等设置明细账，进行明细分类核算，见表 5-24。

表 5-24　其他货币资金会计科目编码的设置

科目代码	总分类科目（一级科目）	明细分类科目	
		二级明细科目	三级明细科目
1012	其他货币资金		
101201	其他货币资金	外埠存款	××银行
101202	其他货币资金	银行本票	××银行
101203	其他货币资金	银行汇票	××银行
101204	其他货币资金	信用卡存款	××银行
101205	其他货币资金	信用证	××银行
101206	其他货币资金	存出投资款	××银行

5.3.2 其他货币资金的账务处理

为了反映和监督其他货币资金的收支和结存情况，企业应当设置“其他货币资金”科目，借方登记其他货币资金的增加数，贷方登记其他货币资金的减少数，期末余额在借方，反映企业实际持有的其他货币资金。本科目应按其他货币资金的种类设置明细科目进行核算。

（1）银行汇票存款账务处理，如图 5-4 所示。

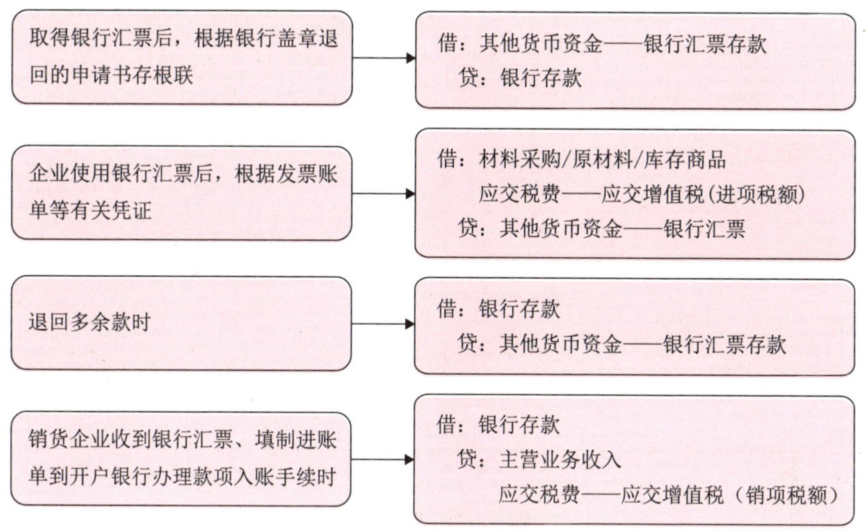

图 5-4　银行汇票的账务处理

【例 5-14】 双城有限公司为取得向乙工厂购货的银行汇票，将款项 97 000 元从银行账户转作银行汇票存款。购入材料已经验收入库，价款 60 000 元、增值税额 9 600 元，用银行汇票办理结算。银行汇票多余款 470 元由签发银行退交企业。银行汇票申请书见表 5-25。

①取得银行汇票后，根据银行盖章退回的申请书存根联时编制会计分录，登记会计凭证，见表 5-26。

借：其他货币资金——银行汇票　　　　97 000

　　贷：银行存款　　　　　　　　　　　　97 000

表 5-25 中国工商银行

银行汇票申请书（存根） 1

申请日期：2019 年 1 月 9 日 NO.076643

<table>
<tr><td>银行打印</td><td colspan="4"></td></tr>
<tr><td></td><td>业务类型</td><td colspan="2">☐电汇 ☐信汇 ☑汇票申请书
☐本票申请书 ☐其他</td><td>汇款方式 ☐普通 ☐加急</td></tr>
<tr><td rowspan="4">申请人</td><td>全 称</td><td>双城有限公司</td><td rowspan="4">收款人</td><td>全 称：乙工厂</td></tr>
<tr><td>账号或地址</td><td>432543457</td><td>账号或地址：020000190923546643</td></tr>
<tr><td>开户行名称</td><td>中国银行深圳市东山支行</td><td>开户行名称：广州浦发银行南岭路支行</td></tr>
<tr><td>开户银行</td><td>中国银行</td><td>开户银行：浦发银行</td></tr>
</table>

金额（大写）人民币		千	百	十	万	千	百	十	元	角	分
	⊗玖万柒仟元整			¥	9	7	0	0	0	0	0

支付密码	××××	上列款项及相关费用请从我账户内支付
加急汇款签字		
用途	购货款	
附加信息及用途		申请人签章 贾梅

表 5-26 付款凭证

附件：1 张

贷方科目：银行存款　　2019 年 1 月 9 日　　银付字第 03 号

摘 要	借方科目		账页	金额								
	一级科目	二级或明细科目		百	十	万	千	百	十	元	角	分
签发银行汇票 97 000 元备用	其他货币资金	银行汇票				9	7	0	0	0	0	0
合计					¥	9	7	0	0	0	0	0

会计主管：王青　记账：薛冰　出纳：季明　审核：杨子羲　填制：李佳

②企业使用银行汇票后，根据发票账单等有关凭证编制会计分录，登记会计凭证，见表 5-27。

借：原材料　　60 000

　应交税费——应交增值税（进项税额）　　9 600

　贷：其他货币资金——银行汇票　　69 600

表 5-27　中国银行　　地 B A 64344

银行汇票

付款期限 壹个月										
出票日期（大写）贰零壹玖年零壹月壹拾壹日	代理付款行：中国银行深圳市东山支行 行号：114									
收款人：乙工厂　　账号：020000190923546643										
出票金额人民币（大写）⊗玖万柒仟元整										
实际结算金额人民币（大写）	千	百	十	万	千	百	十	元	角	分
陆万玖仟陆佰元整			¥	6	9	6	0	0	0	0

申请人：双城有限公司 账号：432543457 出票行：中国银行 行号：114 备注： 凭票付款	密押：687080										复核　记账
	多余金额										
	千	百	十	万	千	百	十	元	角	分	
			¥	2	7	4	0	0	0	0	

收到银行汇票，金额 696 000 元。填制记账凭证，见表 5-28。

表 5-28　记账凭证

2019 年 1 月 11 日　　字第　号

摘要	会计科目	借方金额										贷方金额										记账
		千	百	十	万	千	百	十	元	角	分	千	百	十	万	千	百	十	元	角	分	
从乙工厂购入原材料，价款 69 600 元，以银行汇票结算	原材料				6	0	0	0	0	0	0											√
	应交税费——应交增值税（进项税额）					9	6	0	0	0	0											√
	其他货币资金——银行汇票														6	9	6	0	0	0	0	√
合计				¥	6	9	6	0	0	0	0			¥	6	9	6	0	0	0	0	

会计主管：王青　　记账：薛冰　　出纳：季明　　审核：杨子羲　　填制：李佳

③收回多余款时，编制会计分录，登记会计凭证，见表 5-29。

借：银行存款　　　　　　　　　　　　　　　27 400

　　贷：其他货币资金——银行汇票　　　　　　　　　27 400

表 5-29　收款凭证

附件：2 张

借方科目：银行存款　　　　2019 年 1 月 11 日　　　　银收字第 015 号

摘　要	贷方科目		账页	金额								
	一级科目	二级或明细科目		百	十	万	千	百	十	元	角	分
收回多余 27 400 元	其他货币资金	银行汇票				2	7	4	0	0	0	0
合计					¥	2	7	4	0	0	0	0

会计主管：王青　　记账：薛冰　　出纳：季明　　审核：杨子羲　　填制：李佳

（2）银行本票存款。

银行本票分为不定额本票和定额本票两种。定额本票面额为 1 000 元、5 000 元、10 000 元和 50 000 元。

申请人使用银行本票，应向银行填写“银行本票申请书”。申请人或收款人为单位的，不得申请签发现金银行本票。出票银行受理银行本票申请书，收妥款项后签发银行本票，在本票上签章后交给申请人。应根据银行签章退回的“银行本票申请书”存根联编制付款凭证。申请人应将银行本票交付给本票上记明的收款人。

收款人可以将银行本票背书转让给被背书人。银行本票的提示付款期限自出票日起最长不得超过两个月。在有效付款期内，银行见票付款。持票人超过付款期限提示付款的，银行不予受理。账务处理如图 5-5 所示。

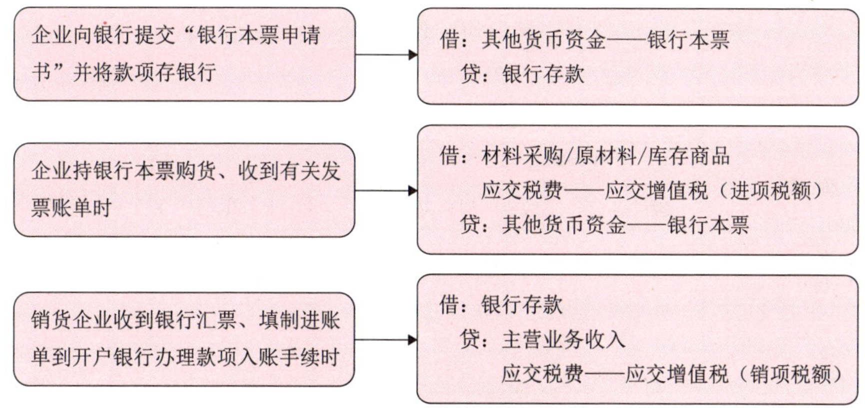

图 5-5　银行本票存款账务处理

（3）信用卡存款账务处理，如图 5-6 所示。

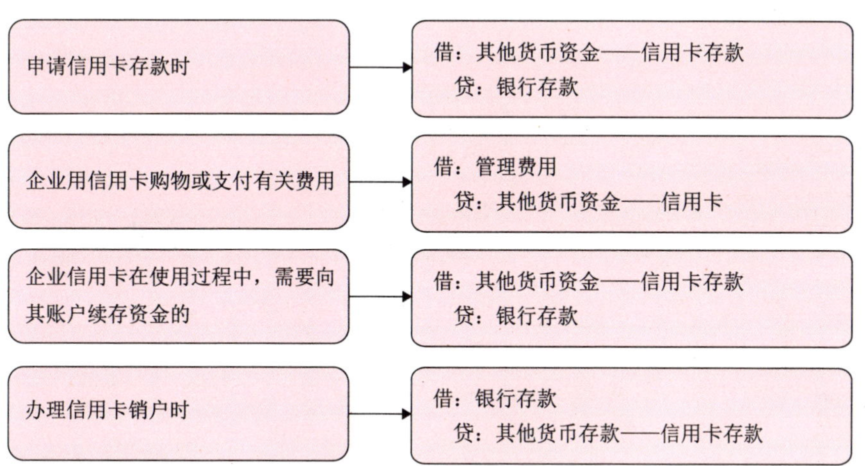

图 5-6　信用卡账务处理

【例 5-15】双城有限公司向浦发银行申请领用信用卡，按要求于 1 月 12 日向银行交存备用金 10 000 元。1 月 12 日使用信用卡支付 2 月份电费 7 856 元。编制会计分录为：

借：其他货币资金——信用卡存款　　10 000

　　贷：银行存款　　10 000

根据上述业务，编制会计凭证，见表 5-30。

表 5-30 付款凭证

附件：01 张

贷方科目：银行存款　　2019 年 1 月 12 日　　银付字第 08 号

摘要	借方科目		账页	金额								
	一级科目	二级或明细科目		百	十	万	千	百	十	元	角	分
申请领用信用卡 10 000 元	其他货币资金	信用卡存款				1	0	0	0	0	0	0
合计					¥	1	0	0	0	0	0	0

会计主管：王青　记账：薛冰　出纳：季明　审核：杨子羲　填制：李佳

1 月 12 日，支付水电费 7 856 元。水费单据如图 5-7 所示。

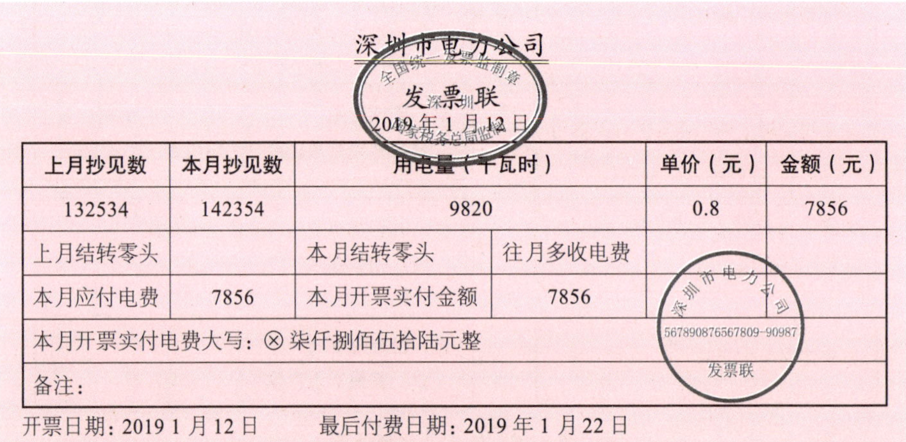

深圳市电力公司

发票联

2019 年 1 月 12 日

上月抄见数	本月抄见数	用电量（千瓦时）		单价（元）	金额（元）
132534	142354	9820		0.8	7856
上月结转零头		本月结转零头	往月多收电费		
本月应付电费	7856	本月开票实付金额	7856		
本月开票实付电费大写：⊗柒仟捌佰伍拾陆元整					
备注：					

开票日期：2019 1 月 12 日　　最后付费日期：2019 年 1 月 22 日

图 5-7 水费单据

借：管理费用　　7 856

　　贷：其他货币资金——信用卡存款　　7 856

根据上述业务，编制会计凭证，见表 5-31。

表 5-31　付款凭证

附件：1 张

贷方科目：银行存款　　　　2019 年 1 月 12 日　　　　银付字第 09 号

摘　要	借方科目		账页	金额								
	一级科目	二级或明细科目		百	十	万	千	百	十	元	角	分
用信用卡支付电费 7 856 元	其他货币资金	信用卡存款					7	8	5	6	0	0
合计						¥	7	8	5	6	0	0

会计主管：王青　　记账：薛冰　　出纳：季明　　审核：杨子羲　　填制：李佳

（4）存出投资款账务处理，如图 5-8 所示。

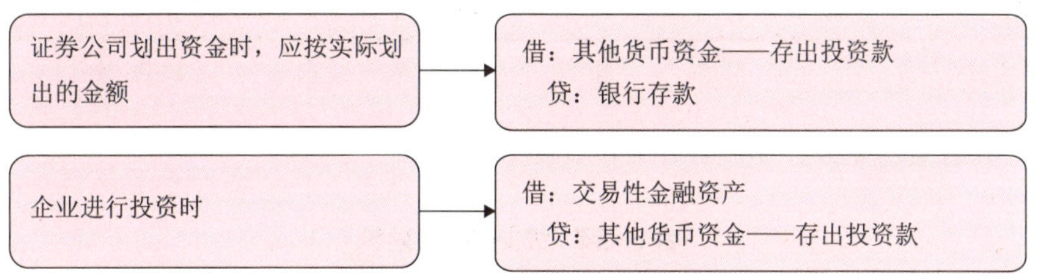

图 5-8　存出投资款账务处理

【例 5-16】 双城有限公司委托某证券公司从上海证券交易所购入深发展的股票，开立证券资金账户并存入资金 1 000 000 元。相关单据见表 5-32、表 5-33。

表 5-32　网上银行资金划拨申请单

2019 年 1 月 19 日

资金划拨内容：购入深发展股票	
划拨金额（大写）：壹佰万元整	¥1 000 000
收款单位户名：深圳证券交易所	
收款单位开户银行：工行深圳福田支行	
收款单位账号：0088753302	
经办人：何宇　　财务负责人：王青　　单位负责人：周扬	
支付操作：季明　　支付审批：林宁	
备注：	

借：其他货币资金——存出投资款 1 000 000

贷：银行存款 1 000 000

表 5-33 付款凭证

附件：2 张

贷方科目：银行存款 2019 年 1 月 19 日 银付字第 08 号

摘要	借方科目		账页	金额									
	一级科目	二级或明细科目		千	百	十	万	千	百	十	元	角	分
开立证券资金账户并存入资金 1 000 000 元	其他货币资金	存出投资款			1	0	0	0	0	0	0	0	0
合计				¥	1	0	0	0	0	0	0	0	0

会计主管：王青 记账：薛冰 出纳：季明 审核：杨子羲 填制：李佳

根据上述业务，编制会计凭证，见表 5-34。

表 5-34 成交过户交割单

1/19/2019	成交过户交割单		
股东编号：	A46362345	成交证券：	深发展
电脑编号：	6451	成交数量：	900000
公司代号：	3524	成交价格：	11.00
申请编号：	3545	成交金额：	990000
申报时间：	10：18：11	标准佣金：	5000
成交时间：	10：30：31	过户费用：	0.00
上次余额：	5000（股）	印花税：	0.00
本次成交：	1000000（股）	应付金额：	995000
本次余额：	1000000（股）	附加费用：	0.00
本次库存：	1000000（股）	实付金额：	995000

深圳证券交易所 财务专用章

该证券公司从深圳证券交易所购入深发展股票 90 000 股（假设价值为 990 000 元），并将其划分为交易性金融资产。

借：交易性金融资产 990 000

投资收益 5 000

贷：其他货币资金——存出投资款 995 000

根据上述业务，编制会计凭证，见表 5-35。

表 5-35　转账凭证

总号 321

2019 年 1 月 19 日　　　　　　转字第 63 号

摘要	一级科目	二级或明细科目	账页	借方金额									贷方金额								
				百	十	万	千	百	十	元	角	分	百	十	万	千	百	十	元	角	分
购入深发展股票 90 000 股	交易性金融资产	深发展			9	9	0	0	0	0	0	0									
	投资收益						5	0	0	0	0	0									
	其他货币资金	存出投资款												9	9	5	0	0	0	0	0
合计				¥	9	9	5	0	0	0	0	0	¥	9	9	5	0	0	0	0	0

会计主管：王青　　记账：薛冰　　出纳：季明　　审核：杨子羲　　填制：李佳

根据上述业务，登记会计账簿，见表 5-36。

表 5-36　其他货币资金总账

2019 年		凭证科目代码	摘要	对方科目	借方										√	贷方										√	余额									
月	日				千	百	十	万	千	百	十	元	角	分		千	百	十	万	千	百	十	元	角	分		千	百	十	万	千	百	十	元	角	分
1	1		期初余额																										1	9	0	0	0	0	0	0
1	3	银付	存入银行汇票	银行存款				9	7	0	0	0	0	0															2	8	7	0	0	0	0	0
1	11	银付	支付乙工厂货款	原材料															6	9	6	0	0	0	0				2	1	7	4	0	0	0	0
1	11	银收	退回多申请的银行汇票款	银行存款															2	7	4	0	0	0	0				1	9	0	0	0	0	0	0
1	12	银付	申请信用卡	银行存款				1	0	0	0	0	0	0															2	0	0	0	0	0	0	0
1	12	银付	支付水电费	管理费用																7	8	5	6	0	0				1	9	2	1	4	4	0	0
1	19	银付	申请存出投资款	银行存款		1	0	0	0	0	0	0	0	0														1	1	9	2	1	4	4	0	0
1	19	银付	购入深发展股票	银行存款														9	9	5	0	0	0	0	0				1	9	7	1	4	4	0	0
1	31		本月合计			1	1	0	7	0	0	0	0	0			1	0	9	9	8	5	6	0	0				1	9	7	1	4	4	0	0

小贴示

2017 年 3 月 31 日，财政部修订发布了《企业会计准则第 22 号——金融工具确认和计量》、《企业会计准则第 23 号——金融资产转移》和《企业会计准则第 24 号——套期会计》等三项金融工具会计准则（以下简称新金融工具准则或新准则）。具体实施时间如下：

2017年4月
• 财政部发布国内新金融工具准则22、23、24号

2018年1月1日
• A+H股公司生效

2019年1月1日
• A股公司生效

2021年1月1日
• 其他公司生效

符合条件的保险公司允许在 2018 年 1 月 1 日至 2021 年 1 月 1 月任意年度执行新金融工具相关会计准则，最迟不晚于 2021 年。

金融资产分类由现行“四分类”改为“三分类”：

修订前分类与计量

基于合同特征和持有意图（例如：交易还是持有到期）进行资产分类

①以公允价值计量且其变动计入当期损益的金融资产；②持有至到期投资；③贷款和应收款项；④可供出售金融资产

可以对含嵌入衍生工具的金融资产进行拆分

修订后分类与计量

基于商业模式和合同现金流特征进行资产分类

①以摊余成本计量的金融资产；②以公允价值计量且其变动计入其他综合收益的金融资产；③以公允价值计量且其变动计入当期损益的金融资产

不得对含嵌入衍生工具的金融资产进行拆分

第 6 章
出纳如何对账

对账就是核对账目，对账工作每年至少进行一次。对出纳而言，对账的主要内容是：①账实核对。核对会计账簿记录与实物及财产等实有数额是否相符。②账证核对。核对会计账簿记录与原始凭证、记账凭证的时间、凭证字号、内容、金额是否一致，记账方向是否相符。③账账核对。核对不同会计账簿记录是否相符。④账表核对 。核对会计账簿记录与会计报表的有关内容是否相符。⑤计算机对账。

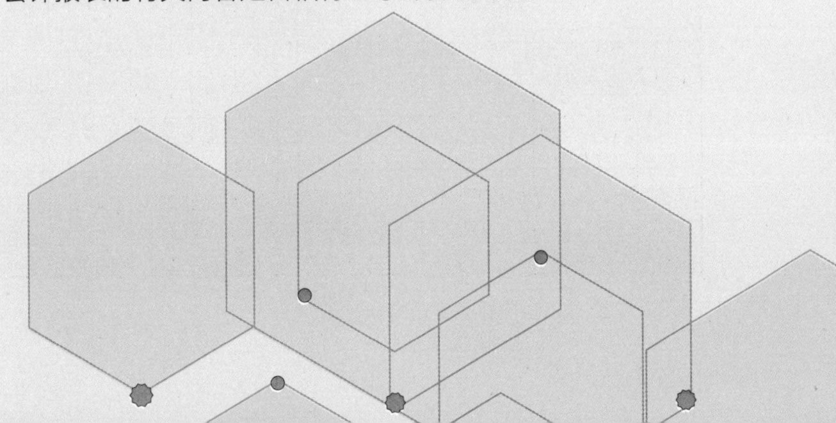

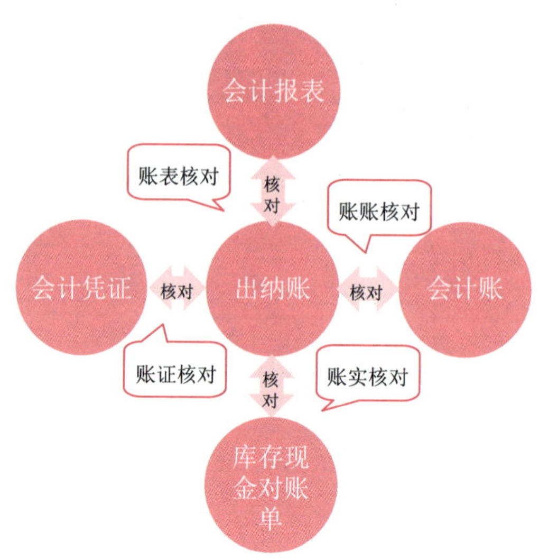

6.1 账证核对

账证核对是将账簿记录与会计凭证相核对：核对日期、凭证编号、金额等。图 6-1 是银行付款凭证与银行日记账核对。

例如付款凭证与银行存款日记账核对，见画圈内容。

银行存款日记账

2019 年		凭证科目代码	摘要	对方科目	借方										√	贷方										√	余额									
月	日				千	百	十	万	千	百	十	元	角	分		千	百	十	万	千	百	十	元	角	分		千	百	十	万	千	百	十	元	角	分
1	1		期初余额																									2	2	9	0	0	0	0	0	0
1	3	银收	向甲公司销售一批产品	应收账款				3	1	3	2	0	0	0														2	3	2	1	3	2	0	0	0
1	5	银付	提备用金	库存现金																6	0	0	0	0	0			2	3	1	5	3	2	0	0	0
1	7	银付	申请银行汇票	其他货币资金															3	6	0	0	0	0	0			2	2	7	9	3	2	0	0	0
1	12	银付 013	支付丹江制造公司原料款	原材料															9	3	9	6	0	0	0			2	1	8	5	3	6	0	0	0
1	14	银付	支付已到期票据	应付票据														1	1	0	0	0	0	0	0			2	0	7	5	3	6	0	0	0
1	20	银付	购入亚运公司设备	固定资产															9	0	4	8	0	0	0			1	9	8	4	8	8	0	0	0
1	29	银收	收到乐天公司货款	主营业务收入				4	8	7	2	0	0	0														2	0	3	3	6	0	0	0	0

续上表

2019 年		凭证科目代码	摘　要	对方科目	借　方										√	贷　方										√	余　额									
月	日				千	百	十	万	千	百	十	元	角	分		千	百	十	万	千	百	十	元	角	分		千	百	十	万	千	百	十	元	角	分
	31		本月合计					8	0	0	4	0	0	0				3	3	6	4	4	0	0	0			2	0	3	3	6	0	0	0	0

付款凭证

附件：2 张

贷方科目：银行存款　　2019 年 1 月 12 日　　银付字第 013 号

摘　要	借方科目		账页	金额								
	一级科目	二级或明细科目		百	十	万	千	百	十	元	角	分
从丹江制造公司购入原材料，价款为 93 960 元	原材料	丹江制造公司				8	1	0	0	0	0	0
	应交税费	应交增值税（进项税额）				1	2	9	6	0	0	0
合计					¥	9	3	9	6	0	0	0

会计主管：王青　　记账：薛冰　　出纳：季明　　审核：杨子羲　　填制：李佳

图 6-1　账证核对

6.2 账账核对

试算平衡是指根据会计等式的平衡原理，按照记账规律的要求，通过汇总计算和比较，来检查账户记录的正确性、完整性。

6.2.1 总账内部核对

总账内部核对包括期初余额、本期发生额、期末余额的核算，它们之间关系如下：

所有账户借方期初余额合计数 = 所有账户贷方期初余额合计数

所有账户借方本期发生额合计数 = 所有账户贷方本期发生额合计数

所有账户借方期末余额合计数＝所有账户贷方期末余额合计数

表 6-1 为总账内部核对表。

表 6-1　总账内部核对表

账户名称	期初余额		本期发生额		期末余额	
	借方	贷方	借方	贷方	借方	贷方
库存现金	5 000			800	4 200	
银行存款	69 500		360 000	278 000	151 500	
应收账款	100 000			60 000	40 000	
原材料	200 000		80 000		280 000	
固定资产	2 425 500		180 000		2 605 500	
管理费用			800		800	
短期借款		250 000				250 000
应付账款		200 000	10 000	30 000		220 000
应交税费		50 000	38 000			12 000
实收资本		2 300 000				2 300 000
主营业务收入				300 000		300 000
合　计	2 800 000	2 800 000	668 800	668 800	3 082 000	3 082 000

6.2.2 总账与日记账核对

例如，图 6-2 总账余额 6 380 与现金日记账余额 6 380，数据一致，核对无误。

总　账

会计科目：库存现金

编　号：1001

2019年 月	日	凭证科目代码	摘　要	借方（千百十万千百十元角分）	贷方（千百十万千百十元角分）	借或贷	余额（千百十万千百十元角分）
1	1		结转上年				580000
	10	汇1	1-10日发生额	14350000	14000000		930000
	20	汇2	11-20日发生额	2179000	2539000		570000
	31	汇3	21-31日发生额	648000	580000		638000
	31		本月合计	17177000	17119000		638000

现金日记账

2018年 月	日	凭证科目代码	摘要	对方科目	借方	贷方	余额
1	1		期初余额				580000
	5	略	提现支0022#	银行存款	14350000		14930000
	5	略	支付职工工资	应付职工薪		14000000	930000
	14	略	收到外卖款	应收账款	2179000		3109000
	14	略	陈哲预借差旅费	其他应收款		360000	2749000
	14	略	销售款存入银行	银行存款		2179000	570000
	21	略	以现金支付职工活动费	管理费用		370000	200000
	21		取备用金	银行存款	500000		700000
	26	略	购买办公用品	管理费用		210000	490000
	31	略	收取江天煜的赔偿款	其他应收款	148000		638000
			本月合计		17177000	17119000	638000

图 6-2　总账与日记账核对

6.2.3 总账与明细账核对

各会计科目明细账余额与总账余额核对。如图 6-3 所示。

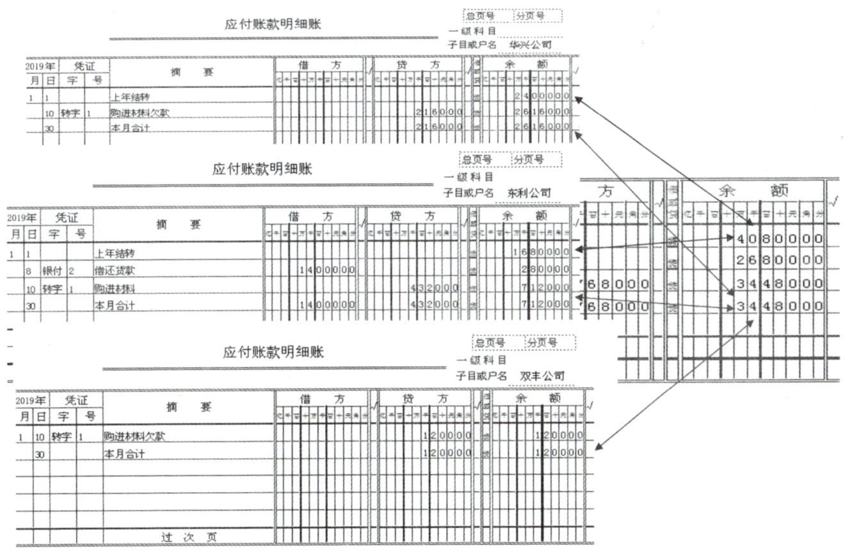

应付账款明细账（子目或户名：华兴公司）

2019年 月	日	凭证 字	号	摘要	借方	贷方	余额
1	1			上年结转			2400000
	10	转字	1	购进材料欠款		216000	2616000
	30			本月合计		216000	2616000

应付账款明细账（子目或户名：东利公司）

2019年 月	日	凭证 字	号	摘要	借方	贷方	余额
1	1			上年结转			1680000
	8	银付	2	偿还货款	1400000		280000
	10	转字	1	购进材料		432000	712000
	30			本月合计	1400000	432000	712000

应付账款明细账（子目或户名：双丰公司）

2019年 月	日	凭证 字	号	摘要	借方	贷方	余额
1	10	转字	1	购进材料欠款		120000	120000
	30			本月合计		120000	120000
				过次页			

方	余额
	4080000
	2680000
68000	3448000
68000	3448000

图 6-3　会计部门明细账与保管部门明细账核对

6.3 账实核对

账实核对是指各种财产物资和往来款项的账面余额，与实存数相核对。

- 现金日记账余额与库存现金实有数核对
- 银行存款日记账余额与银行对账单进行核对
- 实物财产明细账余额与实有财产数相核对
  如办公用计算机，可核查实际使用数与账面数是否一致
- 债权债务明细账与相对应的债务债权单位核对

企业债权债务明细账与相对应的债务债权单位核对，可以发询证函确定，企业询证函如图 6-4 所示。

企业询证函

编号：011

春兰电子有限公司：

本公司聘请的正泰会计师事务所正在对本公司 2019 年度财务报表进行审计，按照中国注册会计师执业准则的要求，应当询证本公司与贵公司的往来账项等事项。下列数据出自本公司账簿记录，如与贵公司记录相符，请在本函下端“数据证明无误”处签章证明；如有不符，请在“数据不符”处列明不符金额。回函请直接寄至正泰会计师事务所。

通信地址：深圳市宝安区左青路 112 号

电话：0755-62343554　　传真：0755-65476574　　联系人：张涛

1. 本公司与贵公司的往来账项列示如下

截止日期	贵公司欠	欠贵公司	备注
2019 年 12 月 3 日	34 500 元		材料款

2. 其他事项

本函仅为复核账目之用，并非催款结算，若款项在上述日期之后已经付清，仍请及时复函为盼。

（公司签章）　　　　（日期）

答复：1. 数据证明无误　　　　2. 数据不符，请列明不符金额

（签章）　（日期）　　　　（签章）　（日期）

图 6-4　企业询证函

6.4 现金差错怎样处理

日常工作里，对于出纳工作中出现长款或短款现象，通常采取的处理原则是：①属于技术性的差款和一般责任事故的差款，经过及时查找确实无法核对时，可按规定的审批手续处理。即长款归公，短款报损，不得以长款补短款。②属于当事者工作不负责任，玩忽职守，违章操作等原因造成的短款，应追究其经济责任，视情节轻重和损失程度大小，赔偿全部或部分损失，情节严重的要给予行政处分。③属于责任人监守自盗、侵吞公款，或挪用公款的，应以贪污论处，直至追究其刑事责任。

6.4.1 错款

现金应有金额与实有金额之间的差额，应有大于实有，则为短款，反之为长款。比如现金日记账账面余额为 5 100，实有 4 900，则短款 200 元。

错款产生的原因如下：

- 看错单据，少收或多收而出现的错款
- 违反会计制度而出现的错款
- 由于交接手续不清而造成错款
- 由于思想麻痹大意而形成错款

（1）错款查找。

从自身查起，在核准账款的基础上，通过回忆分析和比较，采取有效方法和手段，挽回损失。对发生在现金收款、付款的清点中的错款，只有通过回忆分析查找错款目标后，通过领导做好思想工作，争取对方支持和理解，因势利导，促其退回错款。

（2）防止产生错账。

出纳应细心工作，加强责任心的培养，提高业务技术水平，做到收款必复、付款必核。

6.4.2 错账查找方法

在记账过程中，可能发生各种各样的差错，包括方向（错款）记反，数字倒置，位数记错、漏记、重记等几种可能引发的错账。

1. 错账产生的原因

错账产生的几种原因如下：

第一种是由于出纳人员记账错误而发生的错账

第二种是由于出纳员的计算错误而发生的错账

第三种是由于记账凭证填制错误而发生的错账

2. 错账查找方法

1
- 差额除以2法
- ——检查借贷方向

2
- 差额除以9法
- ——检查数字倒置或位移

3
- 漏记或重记的查找方法。漏记或重记一笔数字时，可以查对有无与此错数相同的数字

4
- 重新计算

（1）第一种：差额除以 2 法——检查借贷方向。

错账差额如确认为并非漏记或重记，可用此差额除以“2”求其商；如能刚好找到一笔业务金额正好与它相等，则可能是借、贷方向反向所致。

例如，现金日记账余额比总账余额少了 5 480 元，可查日记账有无金额刚

好是 2 740 元（5 480÷2）的业务发生，若有，则可能是将增加的 2 740 元误写成减少 2 740 元。

（2）第二种：差额除以 9 法——检查数字倒置或位移。

数字倒置是将相邻两数位倒换了位置，如将 64 写成 46，将 79 写成 97，将 3 425 写成 4 325 等；数字位移是由于小数点错位而造成的数字变大或变小，例：1 450 写成 14 500。小数点向左挪一位，错数就为原数的 1/10；小数点向右挪一位，错数就为原数的 10 倍。无论数字倒置还是数字位移，其差额均能被 9 除尽。例如：

（64−46）÷9=2

（4 325−3 425）÷9=100

（14 500−1 450）÷9=1 450

这样就缩小了查找原因，去找与错数倒置或位移的数字，再按方法一一进行查找。

（3）第三种：漏记或重记的查找方法。

漏记或重记一笔数字时，可以查对有无与此错数相同的数字。如果错数所涉及的不仅是一笔数字，还可以局部进行核对或全面核对。

6.4.3 错账更正方法

出纳人员在实际登记账簿过程中，经常会遇到各种各样的问题，归纳起来主要有三种：即隔页跳行、结账画线、错账。

错账表现为漏记、重记、错记三种。错记的更正方法有以下几种。

1. 划线更正法

在更正划线时，如果是文字错误，可只画销错误部分；如果是数字上错误，应将全部数字画销，不得只画销错误数字。画销时必须注意使原来的错误字迹仍可辨认。更正后，经办人应在画线的一端盖章，以示负责。

此法适用于结账之前发现账簿记录错误。更正时，先将错误文字或数字上画一条红线注销，然后再在注销的文字或数字上方写上正确的文字或数字，并由记账人员在更正处盖章以明确责任。使用这一方法注意两点：一是文字错误可只画掉错误的字，而数字错误则需画掉整个数码。例如，将 6 385 错记为 6 835，必须将整个 6 835 画线，在其上方写上正确数字 6 385，而不能只画掉 83；二是被划掉的文字或数字应保持可辨认状态，不得涂成模糊一片。

【例 6-1】 记账人员在根据记账凭证登记账簿时，将 98 765 元错误登记为 98 675 元，应将错误数字（98 765 元）全部用红线画掉，再写上正确的数字（98 675 元），并由记账员加盖名章。更正数字时，应将全部数字画红线注销再更改，不得只更改数字中的个别错字，如只把“67”改为“76”。具体如 6-6 所示。

正确更正方法							错误更正法						
万	仟	佰	拾	元	角	分	万	仟	佰	拾	元	角	分
9	8	7	6	5	0	0			7	6			
~~9~~	~~8~~	~~6~~	~~7~~	~~5~~	~~0~~ 李明	0	9	8	~~6~~	~~7~~	5	0	0

图 6-6 正误更正错账对照表

2. 红字更正法

在记账以后，如果在当年内发现记账凭证所记的科目或金额有错时，可以采用红字更正法进行更正。所谓红字更正法，即先用红字填制一张与原错误完全相同的记账凭证，据以用红字登记入账，冲销原有的错误记录；同时再用蓝字填制一张正确的记账凭证，注明“订正 × 年 × 月 × 号凭证”，据以登记入账，这样就把原来的差错更正过来。应用红字更正法是为了正确反映账簿中的发生额和科目对应关系。

【例 6-2】 双城有限公司结转成本时，误把金额 16 500 元记为 17 000 元。采用红字更正法更正。见表 6-2。

表 6-2　转账凭证

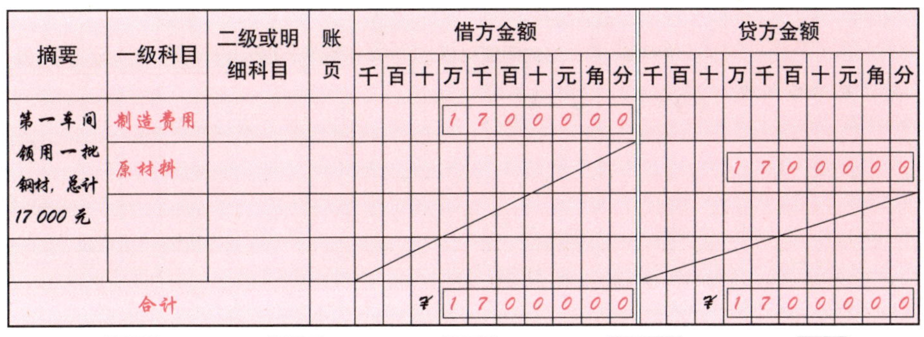

附件：2 张

2019 年 1 月 31 日　　转字第 021 号

摘要	一级科目	二级或明细科目	账页	借方金额										贷方金额									
				千	百	十	万	千	百	十	元	角	分	千	百	十	万	千	百	十	元	角	分
第一车间领用一批钢材，总计 17 000 元	制造费用						1	7	0	0	0	0	0										
	原材料																1	7	0	0	0	0	0
合计						￥	1	7	0	0	0	0	0			￥	1	7	0	0	0	0	0

会计主管：王青　　记账：薛冰　　出纳：季明　　审核：杨子羲　　填制：李佳

同时，再用蓝字填制一张正确的记账凭证，见表 6-3。

表 6-3　转账凭证

附件：0 张

2019 年 1 月 31 日　　转字第 022 号

摘要	一级科目	二级或明细科目	账页	借方金额										贷方金额									
				千	百	十	万	千	百	十	元	角	分	千	百	十	万	千	百	十	元	角	分
订正 2019 年 1 月 31 日转字第 021 号凭证	制造费用						1	6	5	0	0	0	0										
	原材料																1	6	5	0	0	0	0
合计						￥	1	6	5	0	0	0	0			￥	1	6	5	0	0	0	0

会计主管：王青　　记账：薛冰　　出纳：季明　　审核：杨子羲　　填制：李佳

3. 补充登记法

在记账以后，发现记账凭证填写的金额小于实际金额时，可采用补充登记法进行更正。更正时，可将少记数额填制一张记账凭证补充登记入账，并在摘要栏注明“补充 × 年 × 月 × 日 × 号凭证少记金额”。

【例 6-3】 双城有限公司年底支付报员工培训费 4 390 元，但会计凭证登记为 4 120 元，少记 270 元。见表 6-4。

CHAPTER 6

表 6-4　付款凭证

附件：2 张

贷方科目：银行存款　　　　2019 年 1 月 20 日　　　　银付字第 007 号

摘　要	借方科目		账页	金额								
	一级科目	二级或明细科目		百	十	万	千	百	十	元	角	分
支付员工培训费 4120 元	管理费用	培训费					4	1	2	0	0	0
合计						¥	4	1	2	0	0	0

会计主管：王青　　记账：薛冰　　出纳：季明　　审核：杨子羲　　填制：李佳

会计编制更正凭证，见表 6-5。

表 6-5　付款凭证

附件：1 张

贷方科目：银行存款　　　　2019 年 1 月 31 日　　　　银付字第 008 号

摘　要	借方科目		账页	金额								
	一级科目	二级或明细科目		百	十	万	千	百	十	元	角	分
补充 1 月 20 日银付字第 007 号少记金额 270 元	管理费用	培训费						2	7	0	0	0
合计							¥	2	7	0	0	0

会计主管：王青　　记账：薛冰　　出纳：季明　　审核：杨子羲　　填制：李佳

6.4.4 日记账与银行对账单的核对

银行存款日记账同银行的对账单逐笔核对时，有可能出现银行对账单上的存款余额同本单位银行存款日记账账面余额不一致。造成不一致的原因有两种：一是双方或一方记账有误；二是双方记账没有发生错误，但由于结算凭证传递时间的不同步而发生“未达账项”，即一方已经入账，而另一方尚未接到有关凭证而还没有入账的事项。由前种原因造成的，则要及时更正；若由后种原因造成的，要通过编制“银行存款余额调节表”进行调整。

1. 企业已经入账，银行尚未入账的款项

（1）企业存入银行的款项，企业已记作银行存款增加，而银行尚未办理入账手续。

（2）企业开出转账支票或其他付款凭证，企业已记银行存款减少，而银行尚未支付 入账的款项。

2. 银行已经入账，企业尚未入账的款项

（1）银行代企业划收的款项已经收妥入账，银行已记作企业存款增加，而企业尚未接到收款通知，尚未记账的款项；

（2）银行代企业划付的款项已经划出并记账，银行已记作企业存款减少，而企业未接到付款通知，尚未记账的款项。

编制“银行存款余额调节表”格式，见表 6–6。

表 6–6　银行存款余额调节表

企业银行账面余额：	银行对账单余额：
加：银行已收，企业未收 减：银行已付，企业未付	加：企业已收，银行未收 减：企业已付，银行未付
调节后存款余额：	调节后存款余额：

【例 6–4】 2019 年 1 月 31 日，双城有限公司银行存款日记账余额 2 247 000 元，银行对账单余额 2 179 000 元，经核对，发现以下未达账项：

（1）银行代企业支付本月网费 2 500 元，银行已记账，但企业因未收到银行付款通知而未记账；

（2）企业委托银行代收货 22 000 元，银行已收到并登记入账，但企业因未收到银行通知收款通知而未记账；

（3）企业开出转账支票支付设备维修费 3 400 元，并已记账，但持票人尚未到银行办理转账手续，银行未记账；

（4）企业收到转账支票一张，货款 90 900 元，并已记账，但银行尚未入账。

计算结果见表 6–7。

表 6-7 银行存款余额调节表

单位：元

单位名称：双城有限公司　　　　时间：2019 年 1 月 1 日至 2019 年 1 月 31 日

企业银行存款日记账	金额（元）	银行对账单	金额（元）
银行存款日记账余额	2 247 000	银行对账单余额	2 179 000
加：银行已收，企业未收	22 000	加：企业已收，银行未收	90 900
减：银行已付，企业未付	2 500	减：企业已付，银行未付	3 400
调节后的存款余额	2 266 500	调节后的存款余额	2 266 500

第7章 出纳如何结账

结账，简单地说就是结清账目，是指在将本期所发生的经济业务全部登记入账的基础上，结算出各账户的本期发生额合计和期末余额，并将余额结转期或转入新账。在会计期末对一定时期内账簿记录所做的结束工作。主要是结算出每个账户的本期发生额和期末余额，并结转下一会计期间。并为编制会计报表做准备。

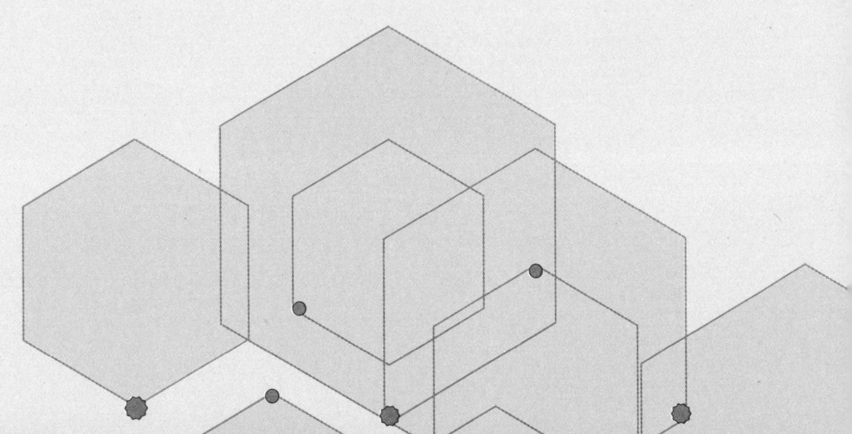

7.1 年结

一般说来，每月结账时，应将账户的月末余额写在本月最后一笔经济业务记录的同一行内。但现金日记账、银行存款日记账和其他损益类需要按月结出发生额的账户，每月结账时，还应将本月发生额与月末余额写在同一行内，在摘要栏注明“本月合计”字样，并在下面画通栏单红线。见表7-1。

表 7-1 总账

会计科目：原材料
编　号：1401

2019年		凭证科目代码	摘　要	对方科目	借　方										贷　方										借或贷	余　额									
月	日				千	百	十	万	千	百	十	元	角	分	千	百	十	万	千	百	十	元	角	分		千	百	十	万	千	百	十	元	角	分
			上年结转																									8	4	0	0	0	0	0	0
1	3	银付15	购入原材料	银行存款				1	7	9	6	8	0	0											借		1	0	1	9	6	2	0	0	0
1	8	转06	生产领用	生产成本															7	6	7	2	0	0	借		1	0	1	1	9	4	8	0	0
1	11	转09	生产领用	生产成本														4	6	8	9	0	0	0	借			9	6	5	0	5	8	0	0
1	16	转10	生产领用	生产成本														1	2	3	0	0	0	0	借			9	5	2	7	5	8	0	0
1	21	转11	生产领用	生产成本														5	3	5	7	0	0	0	借			8	9	9	1	8	8	0	0
1	31	转12	生产领用	生产成本														7	1	0	0	0	0	0	借			8	2	8	1	8	8	0	0
			本月合计																						借			8	2	8	1	8	8	0	0
2	1		上月结转					1	7	9	6	8	0	0			1	9	1	4	3	2	0	0	借			8	2	8	1	8	8	0	0

结计出本期发生额和余额

上下各画一条红线

余额结转下月

年结—年末时进行的结账。

表 7-2　总账

会计科目：原材料
编　号：1401

2019 年 月	日	凭证科目代码	摘　要	对方科目	借方（千百十万千百十元角分）	贷方（千百十万千百十元角分）	借或贷	余额（千百十万千百十元角分）
			上年结转					84000000
1	3	银付 15	购入原材料	银行存款	1796200		借	101962000
12	31		本月合计		67324000	56789000	借	96505800
			本年合计		51240000	25690000	借	96505800
			上年结余		70955800			
			结转下年			96505800		
			合计		122195800	122195800	平	0

计算本年度 12 个月度发生额合计数和余额。“摘要”栏注明本年合计，在其下划双红线

将上年结转余额按其相同方向记入下年借（或贷）栏。（上年结余＋本年增加）

进行借贷双方合计

进行借贷双方合计

小贴士

结账画线的目的，是为了突出本月合计数及月末余额，表示本会计期的会计记录已经截止或结束，并将本期与下期的记录明显分开。根据《会计基础工作规范》规定，月结画单红线，年结画双红线。画线时，应画通栏红线，不应只在本账页中的金额部分画线。

7.2 月结

结账时，应根据不同的会计期间和不同账户记录，分别采用不同的方法。各类账户一般可按以下类别顺序归类进行结账。

7.2.1 损益类账户结账

损益类账户一般无余额，期末结账主要对其发生额进行结计。损益类无论是总分类账户，还是明细分类账户，也无论其采用何种账页格式，期末结账时均需结计本期发生额合计数和本年累计发生额合计数。

（1）在本月最后一笔业务记录行下画一条通栏单红线，若采用的是三栏式

账页，则结计出借贷方发生额，若采用的是多栏式账页，则结计出各栏目实际发生额，记入下一行相应金额栏内，在摘要栏内注明“本月合计”字样，并在下面画一条通栏单红线。

（2）结计自年初起至本月末止的累计发生额，记入下一行相应金额栏内，在摘要栏内注明“本年累计”字样，若是月结，在下面画通栏单红线；若为年结，则在下面画通栏双红线。

7.2.2 现金、银行存款日记账结账

（1）结账前，必须将本期内所发生的各项货币资金收付业务全部登记入账。

（2）结账时，结出“库存现金”和“银行存款”账户的本月（年）发生额和期末余额。

月结时，在摘要栏内注明：本月合计或“本年累计”字样，并在下面通栏画单红线即可；

年结时，在摘要栏内注明“本年累计”栏，并在下面通栏画双红线。

（3）年度终了，将“库存现金”和“银行存款”账户的余额结转到下一会计年度，并在摘要栏注明“结转下年”字样。

在下一会计年度新建的“库存现金”和“银行存款”的日记账的第一页第一行的摘要栏注明“上年结转”字样，并将金额填入余额栏。

（4）每日终了，先在本日最后一笔业务记录下画通栏单红线，结计出本日借贷方发生额，填在下一行的借贷方金额栏，在摘要栏内注明“本日合计”字样，并在下面画通栏单红线，如图 7-1 所示。

	14	付-004	李颖预借差旅费	其他应收款		400000	930000
			本日合计			400000	930000
			本月合计		15400000	14800000	930000

图 7-1　本日合计

（5）每月终了在日结的基础上，结计出本月借贷方发生额，填在下一行的

借贷方金额栏，在摘要栏内注明“本月合计”字样，并在下面画通栏单红线；

（6）年末结账时，在“本月合计”行下面要画通栏双红线。

7.2.3 多栏明细账结账

多栏明细账中损益类账户按损益类账户结账方法进行。其他账户只需结计本期发生额，不需结计本年累计发生额。

多栏账的结账应按以下两种情况分别进行：

1. 期末无余额或账页中设有余额栏的多栏明细分类账

（1）在本月最后一笔业务记录下画一条通栏单红线。如图 7-2 所示。

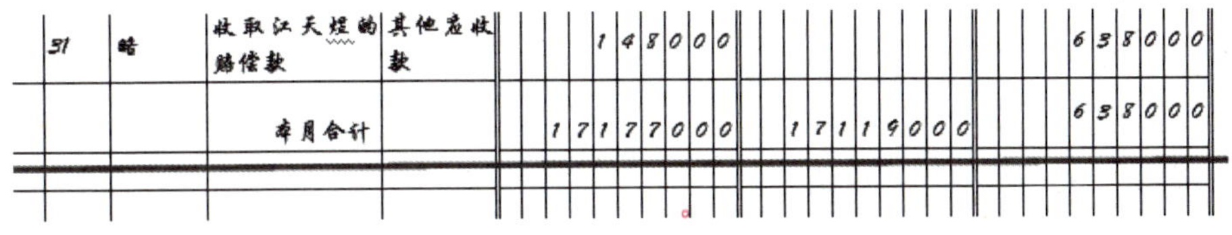

图 7-2　本月合计

（2）结计出本期各栏目的实际发生额，记入下一行相应栏目内。在摘要栏内注明“本月合计”字样，并在下面画通栏单红线。

（3）年末结账时，在“本月合计”行下要画通栏双红线。

2. 期末有余额且账页中未设余额栏的多栏明细分类账

（1）在本月最后一笔业务记录下画一条通栏单红线，结计出本期各栏目的实际发生额，记入下一行相应栏目内，在摘要栏内注明“本月合计”字样，并在下面画通栏单红线。

（2）结计出期末余额，记入下一行各栏目内，在摘要栏内注明“期末余额”字样，其下账页用以继续登记下一月份的相关记录。

（3）若是年结，应在“期末余额”行下面画通栏双红线。

7.2.4 总分类账户结账

总分类账户中的损益类账户，按损益类账户的结账方法进行结账。其他总分类账户月结时既不需要结计“本月合计”，也不需要结计“本年累计”，但在年结时为了总括地反映全年各项资金运动情况的全貌，核对账目，需结计全年发生额。因此，月结时，只需在账户的最后一条记录下画通栏单红线即可；年结时，先在该年最后一条记录下画通栏单红线，然后结计出借贷方本年发生额合计数，记入下行借贷方金额栏，并在摘要栏内注明“本年合计”字样，并在下面画通栏双红线。

7.2.5 其他账户结账

以上账户外的其他账户，如各项应收应付款明细账和各项财产物资明细账等，结账时既不需结计“本月合计”，也不需结计“本年累计”。因此，结账时只需画线即可。月结时画通栏单红线，年结时画通栏双红线。

7.2.6 年末余额的结转

一般来讲，总账、日记账和大多数明细分类账应每年更换一次。但有些财产物资明细账和债权债务明细账，由于材料品种、规格和往来单位较多，更换新账工作量较大，可以跨年度使用，不必每年都更换一次。各种备查簿也可以连续使用。

当更换新账时，对旧账中有年末余额的账户，应将其余额结转下年。结转的方法是：在旧账年结双红线下行摘要栏内注明“结转下年”字样，将账户余额直接记入新账第一行余额栏，并在摘要栏内注明“上年结转”字样。结转余额时不需编制记账凭证，也不需将余额再记入本年账户的借方或贷方，使本年有余额的账户的余额结平。

小贴士

年末终了结账时，要把各账户的余额结转到下一会计年度，并在摘要栏注明“结转下年”字样；在下一会计年度新建有关会计账簿的第一行余额内填写上年结转的余额，并在摘要栏注明“上年结转”字样。并将有余额的账户余额，直接记入新账余额栏内即可，不需要编制记账凭证，也不必将余额再记入本年账户的借方或贷方（收方或付方），使本年有余额的账户的余额变为零。因为，既然年末是有余额的账户，余额就应当如实地在账户中加以反映，这样更显得清晰、明了。否则，就混淆了有余额的账户和无余额的账户的区别。

7.3 电算化对账与结账

7.3.1 对账

一般说来，只要记账凭证录入正确，计算机自动记账后各种账簿都应是正确、平衡的，但由于不当操作或计算机病毒或其他原因有时可能会造成某些数据被破坏，因而引起账账不符，为了保证账证相符、账账相符，至少一个月对账一次，一般可在月末结账前进行。

1、对账平衡

对账是对账簿数据进行核对，以检查记账是否正确，以及账簿是否平衡。它主要通过核对总账与明细账、总账与各辅助账数据来完成账账核对。

操作步骤，如图 7-3 所示。

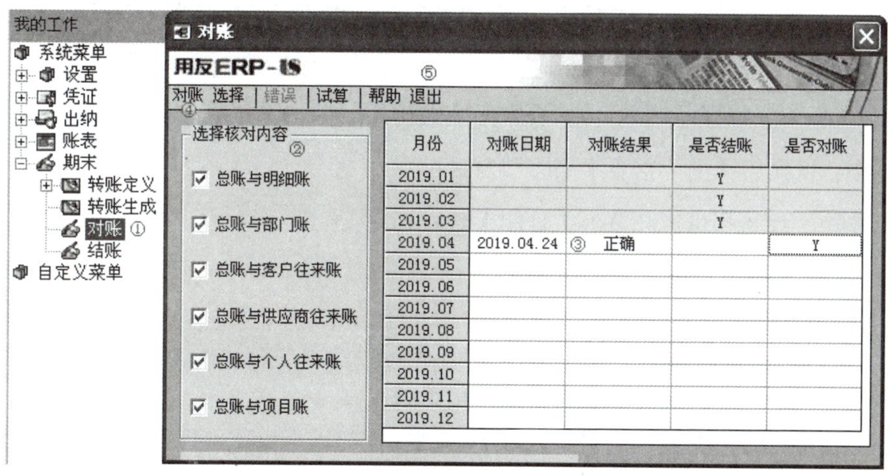

图 7-3　对账

（1）在“期末”菜单中，单击【对账】，打开“对账”窗口；

（2）选择核对内容；

（3）单击要进行对账的月份栏；

（4）单击【对账】按钮，开始对账；

（5）单击【退出】按钮。

2. 试算平衡

试算平衡就是将系统中设置的所有科目的期末余额按照会计平衡公式“借方余额 = 贷方余额”进行平衡检验。一般在结账前进行试算平衡。

操作步骤，如图 7-4 所示。

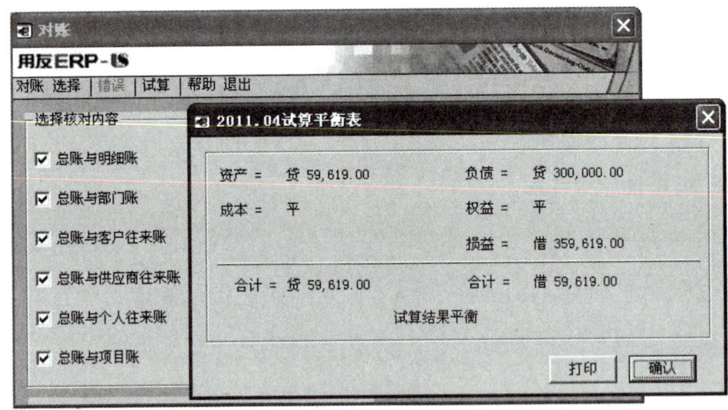

图 7-4 试算平衡

（1）在“对账”窗口中，选中指定月份后，单击【试算】按钮，开始试算平衡，试算后弹出“试算平衡表”窗口；

（2）核对结果可以单击【打印】按钮输出；

（3）单击【确认】按钮退出。

7.3.2 月末结账

按照“日清月结”的规定，每月月底都需要进行结账处理，而结账过程就是计算和结转各账簿的本期发生额和期末余额，并终止本期的账务处理。在计算机处理方式下，结账工作比手工简单得多，结账实际是一种成批数据处理，只能每月进行一次。

1. 结账

操作步骤，如图 7-5、图 7-6、图 7-7、图 7-8 所示：

（1）“期末”菜单中，单击【结账】，进入“结账界面一”，即结账月份；

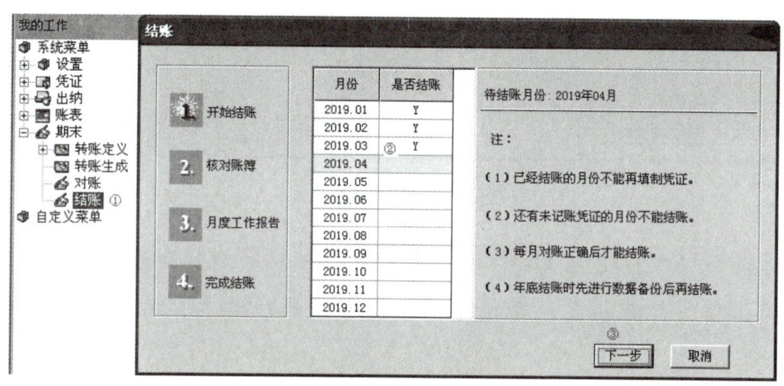

图 7-5　结账界面一

（2）选择结账月份，如：2019.04；

（3）击【下一步】按钮，显示“结账界面二”，即核对账簿；

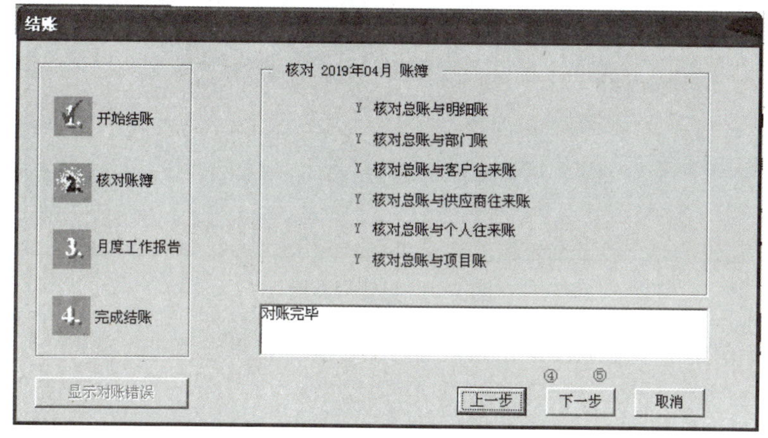

图 7-6　结账界面二

（4）单击，系统对要结账的月份进行账账核对；

（5）单击【下一步】按钮，显示“结账界面三”，即月度工作报告；

CHAPTER 7

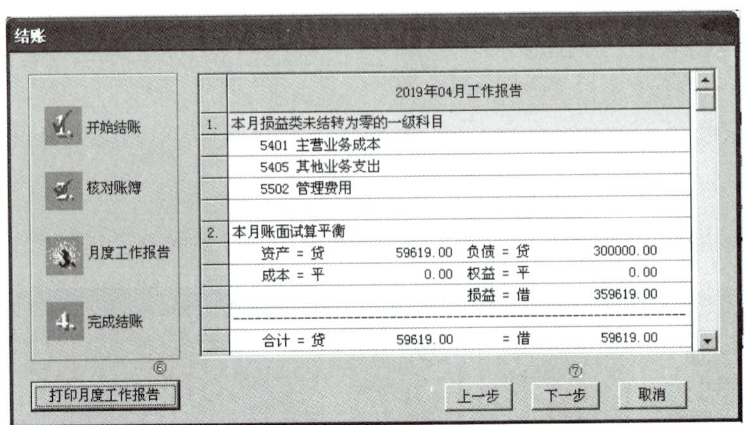

图 7-7　结账界面三

（6）如果打印，单击【月度工作报告】按钮，即可打印；

（7）查看工作报告后，单击【下一步】按钮，显示“结账界面四”，即完成结账；

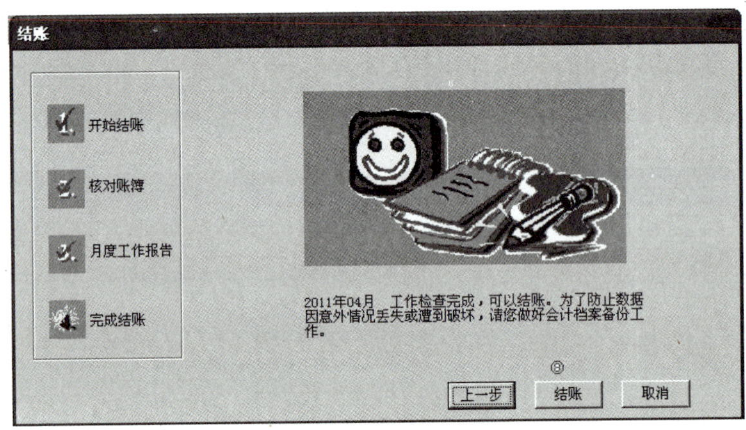

图 7-8　结账界面四

（8）单击【结账】按钮，如果符合结账要求，系统将进行结账；否则不予结账。

第 8 章 出纳应知哪些税种

据统计，目前我国正在征收的税种约有十几种，即增值税、消费税、关税、企业所得税、个人所得税、房产税、土地增值税、城镇土地使用税、车船税、印花税、契税、城市维护建设税、资源税、船舶吨税、车辆购置税、耕地占用税、烟叶税等。

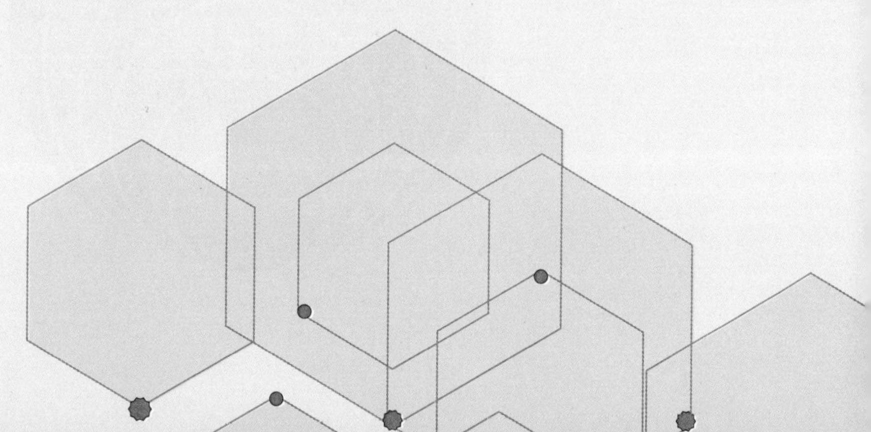

8.1 税法要素

目前，我国的税收分别由税务、财政、海关等系统负责征收管理。

那么企业生产和销售产品征收哪些税款呢？图 8-1 为一般产品纳税流程。

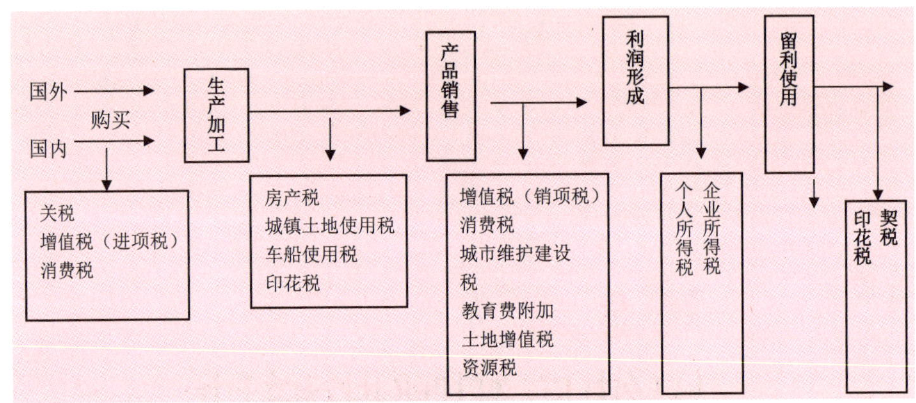

图 8-1 产品在不同环节应缴纳的税种类别

税法的构成要素，是指税法应当具备的必要因素和内容，简称税制要素。税法的构成要素如下。

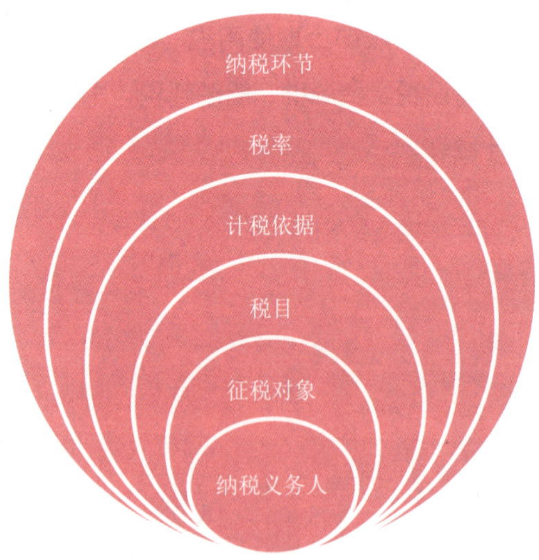

8.1.1 纳税义务人

纳税人是税法规定的直接负有纳税义务的单位和个人。除了一般纳税人外，还有代扣代缴义务人和代收代缴义务人。如员工应缴的个人所得税，企业负责代扣代缴；又如委托加工应税消费品，由受托方向委托方代收代缴消费税。

8.1.2 征税对象

征税对象，也称纳税对象、征税客体，是指对什么征税，即征税的标的物，也是缴纳税款的客体。如对烟酒类征收消费税，那么烟酒就是征税对象。房产税的征税对象就是房屋等。

8.1.3 税目

对税种的纳税对象作进一步的划分，进行归类，这种归类就是税目，即征税对象的具体化。税目体现了征税的范围，反映了征税的广度。如消费税税目规定的很具体，如卷烟、雪茄烟、烟丝等。

8.1.4 计税依据

计税依据又称为税基，是计算征税对象应纳税款的依据，以纳税对象的价值单位计算时，其计税依据是从价计税；以纳税对象的数量计税时，其计税依据是从量计税；既以价值又以数量为依据计税，为复合计税。

8.1.5 税率

税率，是对征税对象的征收比例或征收额度，是计算应纳税额的尺度，体现了征税的深度。

目前我国常用的税率如下。

比例税率	累进税率	定额税率
• 即对同一征税对象或同一税目，不分数额大小，规定相同的征收比例，是一种应用最广、最常见的税率，一般适用于对商品流转额的征税，如增值税	• 是指按照纳税对象数额大小设置的逐级递增的系列税率，从低到高分别规定逐级递增的税率(包括全额累进税率、超额累进税率、超率累进税率)，如个人所得税即是累进税率	• 又称“固定税额”，是以课税对象的自然实物量为单位，直接规定每一自然单位的固定税额。如黄酒、成品油等缴纳的消费税

8.1.6 纳税环节

纳税环节主要是指税法规定的征税对象在从生产到消费的流转过程中应当缴纳税款的环节。如酒类在生产环节征税，为一次课征，而金银首饰除了在生产环节征收外，还在零售环节加征一次，为多次课征。

8.1.7 纳税期限

那么，什么时间申报税款呢，不同的税种申报的时间有所差异，如图 8-2 所示。

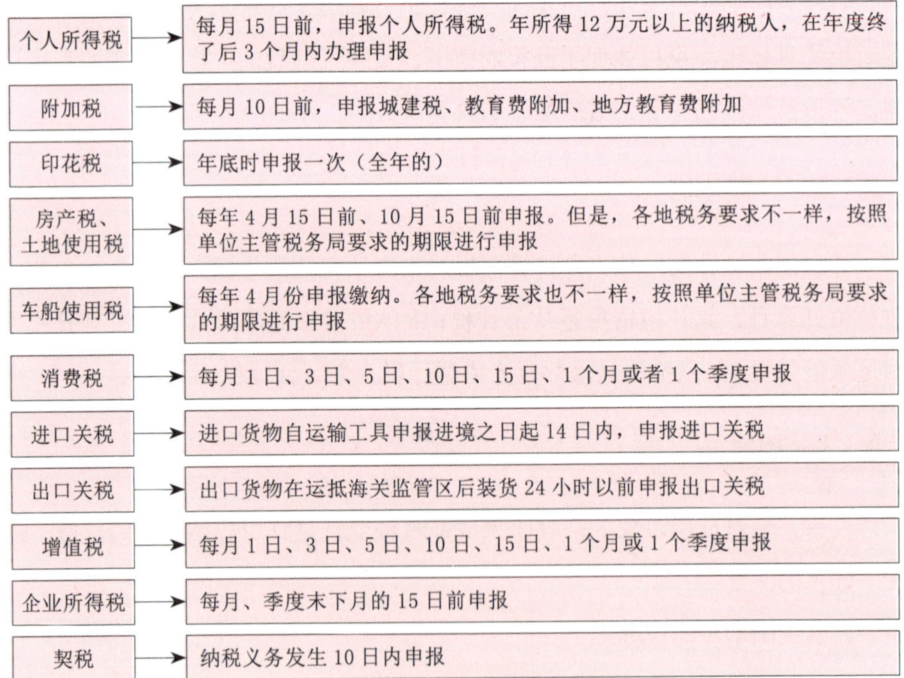

图 8-2 纳税期限

需要注意的是，如果没有发生税金，也要按时进行零申报。

8.1.8 纳税地点

纳税地点主要是指根据各个税种纳税对象的纳税环节而规定的纳税人（包括代征、代扣、代缴义务人）的具体纳税地点。

8.1.9 减免税

减免税主要是对某些纳税人和征税对象采取减少征税或者免予征税的特殊规定。

8.1.10 征税机关

2018 年 6 月 15 日上午，全国各省（自治区、直辖市）级以及计划单列市国税局、地税局合并且统一挂牌。

随后，国家税务总局网站发布了《关于税务机构改革相关事项公告》等一系列制度文件。根据部署，随着省、市、县三级新税务机构逐级、分布挂牌，税务系统将实现“六个统一”：即国税地税业务“一厅通办”；国税地税业务“一网通办”；12366“一键咨询”；“实名信息一次采集”；统一税务检查；统一税收执法标准。同时，国税地税合并完成后，2019 年开始，将基本养老保险费、基本医疗保险费、失业保险费等各项社会保险费交由税务部门统一征收，有助于推动建立可持续性的社保基金制度。

8.2 增值税

增值税是以商品（含应税劳务）在流转过程中产生的增值额作为计税依据而征收的一种流转税。

8.2.1 税率

增值税均实行比例税率：绝大多数一般纳税人适用基本税率、低税率或零税率；小规模纳税人和采用简易办法征税的一般纳税人，根据财税〔2014〕57号的规定，为进一步规范税制、公平税负，经国务院批准，决定简并和统一增值税征收率，将6%和4%的增值税征收率统一调整为3%。

根据财税〔2018〕32号《关于调整增值税税率的通知》规定：纳税人发生增值税应税销售行为或者进口货物，原适用17%和11%税率的，税率分别调整为16%、10%；纳税人购进农产品，原适用11%扣除率的，扣除率调整为10%；纳税人购进用于生产销售或委托加工16%税率货物的农产品，按照12%的扣除率计算进项税额；原适用17%税率且出口退税率为17%的出口货物，出口退税率调整至16%；原适用11%税率且出口退税率为11%的出口货物、跨境应税行为，出口退税率调整至10%；自2018年5月1日起执行。

增值税的税率，适用于一般纳税人，目前有16%、10%、6%和0共四档税率。

最新增值税税率表，见表8-1。

表8-1 最新增值税税率表

纳税人	应税行为	具体范围	增值税税率
小规模纳税人		包括原增值税纳税人和“营改增”纳税人，从事货物销售，提供增值税加工、修理修配劳务，以及“营改增”各项应税服务	征收率3%
一般纳税人	销售商品	销售或者进口货物（另有列举的货物除外）；提供加工、修理修配劳务	16%
		1. 粮食、食用植物油、鲜奶	10%
		2. 自来水、暖气、冷气、热气、煤气、石油液化气、天然气、沼气、居民用煤炭制品	
		3. 图书、报纸、杂志	
		4. 饲料、化肥、农药、农机（整机）、农膜	
		5. 国务院规定的其他货物	

续上表

<table>
<tr><th>纳税人</th><th>应税行为</th><th colspan="3">具 体 范 围</th><th>增值税税率</th></tr>
<tr><td rowspan="29">一般纳税人</td><td rowspan="2">销售商品</td><td colspan="3">6. 农产品（指各种动、植物初级产品）；音像制品、电子出版物、二甲醚、食用盐</td><td>10%</td></tr>
<tr><td colspan="3">出口货物</td><td>0</td></tr>
<tr><td rowspan="13">销售服务</td><td>交通运输业</td><td colspan="2">陆路运输服务、水路运输服务、航空运输服务、管道运输服务</td><td rowspan="3">10%</td></tr>
<tr><td>邮政服务</td><td colspan="2">邮政普遍服务（包括邮票报刊汇款）、邮政特殊服务、其他邮政服务</td></tr>
<tr><td rowspan="2">电信服务</td><td colspan="2">基础电信服务</td></tr>
<tr><td colspan="2">增值电信服务</td><td>6%</td></tr>
<tr><td>建筑服务</td><td colspan="2">工程服务、安装服务、修缮服务、装饰服务、其他建筑服务</td><td>10%</td></tr>
<tr><td>金融服务</td><td colspan="2">贷款服务、直接收费金融服务、保险服务</td><td>6%</td></tr>
<tr><td rowspan="6">现代服务</td><td colspan="2">金融商品转让、研发和技术服务、信息技术服务、文化创意服务、物流辅助服务</td><td>6%</td></tr>
<tr><td rowspan="4">租赁服务</td><td>融资租赁服务</td><td>16%</td></tr>
<tr><td>不动产融资租赁服务</td><td>10%</td></tr>
<tr><td>有形动产租赁服务</td><td>16%</td></tr>
<tr><td>不动产经营租赁服务</td><td>10%</td></tr>
<tr><td colspan="2">鉴证咨询服务、广播影视服务、商务辅助服务、其他现代服务</td><td rowspan="7">6%</td></tr>
<tr><td>生活服务</td><td colspan="2">文化体育服务、教育医疗服务、旅游娱乐服务、餐饮住宿服务、居民日常服务、其他生活服务</td></tr>
<tr><td rowspan="12">销售无形资产</td><td rowspan="2">技术</td><td>专利技术</td><td rowspan="5">所有权、使用权的转让</td></tr>
<tr><td>非专利技术</td></tr>
<tr><td colspan="2">商标</td></tr>
<tr><td colspan="2">著作权</td></tr>
<tr><td colspan="2">商誉</td></tr>
<tr><td colspan="2">其他权益性无形资产</td><td>经营权、特许、经销、分销、代理、会员、网络虚拟、肖像、转会、冠名</td><td rowspan="7">6%</td></tr>
<tr><td rowspan="6">自然资源使用权</td><td colspan="2">海域使用权</td></tr>
<tr><td colspan="2">探矿权</td></tr>
<tr><td colspan="2">采矿权</td></tr>
<tr><td colspan="2">取水权</td></tr>
<tr><td colspan="2">其他自然资源使用权</td></tr>
<tr><td colspan="2">土地使用权</td></tr>
<tr><td rowspan="2">销售不动产</td><td colspan="2">建筑物</td><td rowspan="2">转让有限产权、永久产权以及与其一并转让的土地使用权、路桥、隧道、水坝等</td><td rowspan="2">10%</td></tr>
<tr><td colspan="2">构筑物</td></tr>
</table>

8.2.2 应交税费科目及专栏设置

增值税一般纳税人应当在“应交税费”科目下设置“应交增值税”“未交增值税”“预交增值税”“待抵扣进项税额”“待认证进项税额”“待转销项税额”“增值税留抵税额”“简易计税”“转让金融商品应交增值税”“代扣代交增值税”等明细科目。

1. 应交税费明细科目

应交税费明细科目说明，见表 8-2。

表 8-2 应交增值税明细科目说明

细目		具体说明
应交增值税	进项税额	一般纳税人购进货物、加工修理修配劳务、服务、无形资产或不动产而支付或负担的，准予从当期销项税额中抵扣的增值税额
	销项税额抵减	一般纳税人按照现行增值税制度规定因扣减销售额而减少的销项税额
	已交税金	一般纳税人当月已缴纳的应交增值税额
	“转出未交增值税”和“转出多交增值税”	一般纳税人月度终了转出当月应交未交或多交的增值税额
	减免税款	一般纳税人按现行增值税制度规定准予减免的增值税额
	出口抵减内销产品应纳税额	实行“免、抵、退”办法的一般纳税人按规定计算的出口货物的进项税抵减内销产品的应纳税额
	销项税额	一般纳税人销售货物、加工修理修配劳务、服务、无形资产或不动产应收取的增值税额
	出口退税	一般纳税人出口货物、加工修理修配劳务、服务、无形资产按规定退回的增值税额
	进项税额转出	一般纳税人购进货物、加工修理修配劳务、服务、无形资产或不动产等发生非正常损失以及其他原因而不应从销项税额中抵扣、按规定转出的进项税额
未交增值税		核算一般纳税人月度终了从“应交增值税”或“预交增值税”明细科目转入当月应交未交、多交或预缴的增值税额，以及当月交纳以前期间未交的增值税额

续上表

细目	具体说明
预交增值税	核算一般纳税人转让不动产、提供不动产经营租赁服务、提供建筑服务、采用预收款方式销售自行开发的房地产项目等，以及其他按现行增值税制度规定应预缴的增值税额
待抵扣进项税额	核算一般纳税人已取得增值税扣税凭证并经税务机关认证，按照现行增值税制度规定准予以后期间从销项税额中抵扣的进项税额
待认证进项税额	核算一般纳税人由于未经税务机关认证而不得从当期销项税额中抵扣的进项税额。包括：一般纳税人已取得增值税扣税凭证、按照现行增值税制度规定准予从销项税额中抵扣，但尚未经税务机关认证的进项税额；一般纳税人已申请稽核但尚未取得稽核相符结果的海关缴款书进项税额
待转销项税额	核算一般纳税人销售货物、加工修理修配劳务、服务、无形资产或不动产，已确认相关收入（或利得）但尚未发生增值税纳税义务而需于以后期间确认为销项税额的增值税额
增值税留抵税额	核算兼有销售服务、无形资产或者不动产的原增值税一般纳税人，截止到纳入“营改增”试点之日前的增值税期末留抵税额按照现行增值税制度规定不得从销售服务、无形资产或不动产的销项税额中抵扣的增值税留抵税额
简易计税	核算一般纳税人采用简易计税方法发生的增值税计提、扣减、预缴、缴纳等业务
转让金融商品应交增值税	核算增值税纳税人转让金融商品发生的增值税额
代扣代交增值税	核算纳税人购进在境内未设经营机构的境外单位或个人在境内的应税行为代扣代缴的增值税

2. 应交税费科目设置

根据财会〔2016〕22 号文件规定，一般纳税人增值税相关会计科目设置，见表 8-3。

表 8-3　一般纳税人增值税基本会计科目设置明细表

科目代码	总分类科目（一级科目）	明细分类科目	
		二级科目	三级科目
2221	应交税费		
222101	应交税费	应交增值税	
22210101	应交税费	应交增值税	进项税额

续上表

科目代码	总分类科目（一级科目）	明细分类科目	
		二级科目	三级科目
22210102	应交税费	应交增值税	已交税金
22210103	应交税费	应交增值税	减免税款
22210104	应交税费	应交增值税	转出未交增值税
22210105	应交税费	应交增值税	销项税额抵减
22210106	应交税费	应交增值税	出口抵减内销产品应纳税额
22210107	应交税费	应交增值税	销项税额
22210108	应交税费	应交增值税	进项税额转出
22210109	应交税费	应交增值税	出口退税
22210110	应交税费	应交增值税	转出多交增值税
222102	应交税费	预交增值税	
222103	应交税费	待抵扣进项税额	
222104	应交税费	未交增值税	
222105	应交税费	增值税留抵税额	
222106	应交税费	简易计税	
222107	应交税费	转让金融商品应交增值税	
222108	应交税费	代扣代交增值税	

8.2.3 增值税款缴纳的账务处理

1. 一般计税方法的计算

我国目前对一般纳税人采用的是国际上通行的购进扣税法，即当期销项税额抵扣当期进项税额后的余额。应纳税额的计算公式为：

当期应纳税额＝当期销项税额－当期进项税额

＝当期销售额×适用税率－当期进项税额

2. 特殊计税方法的计算

当期应交增值税＝销项税额－（进项税额－进项税额转出—出口退税）－出口抵减内销产品应纳税额－减免税款

应交增值税的账务处理，见表 8-4。

表 8-4　应交增值税的账务处理

缴纳时间	账务处理
当月缴纳税款	借：应交税费——应交增值税（已交税金） 　　贷：银行存款
当月缴纳以前月份税款	借：应交税费——未交增值税 　　贷：银行存款
税款减免的账务处理	借：应交税费——应交增值税（减免税款） 　　贷：营业外收入
税款返还	借：银行存款 　　贷：营业外收入
当月应交未交的增值税	借：应交税费——应交增值税（转出未交增值税） 　　贷：应交税费——未交增值税
当月多交的增值税	借：应交税费——未交增值税 　　贷：应交税费——转出多交增值税

【例 8-1】 2019 年 1 月 20 日，双城有限公司购进商品取得增值税专用发票注明价款 550 000 元，增值税额 88 000 元。当月实现销售收入 1 820 000 元，销项税额 291 200 元。经企业申请，主管税务机关批准，该企业减半征收增值税 1 年。缴税凭证见表 8-5。

（1）属于直接减免的账务处理。

①购进材料时：

借：原材料　550 000

　应交税费——应交增值税（进项税额）　88 000

　贷：银行存款　638 000

②销售实现时：

借：银行存款　2 111 200

　贷：主营业务收入　1 820 000

　　应交税费——应交增值税（销项税额）　291 200

③计算缴纳税款时：

应纳税额 =（291 200−88000）×50%=101 600 元

借：应交税费——应交增值税（已交税金） 101 600

贷：银行存款 101 600

借：应交税费——应交增值税（减免税款） 101 600

贷：营业外收入 101 600

表 8-5 中国工商银行电子缴税付款凭证

转账日期：2019 年 2 月 5 日 凭证字号：6346432

付款人全称	双城有限公司	征收机关名称	×××
付款人账号	34331476497	收款国库名称	×××
付款人开户银行	中国银行深圳市杏林支行	小写（合计）金额	¥101 600
缴款书交易流水号	2321355453	大写（合计）金额	壹拾万壹仟陆佰元整

税（费）种名称	所属日期	实缴金额
增值税	2019 年 1 月	101 600

第 次打印 作付款回单 无银行收讫章无效 复核 打印日期： 年 月 日

【例 8-2】 2019 年 1 月 20 日，丹宇有限公司购进商品取得增值税专用发票注明增值税额 176 800 元。当月实现销售收入 2 260 000 元，销项税额 361 600 元。经企业申请，主管税务机关批准，该企业减半征收增值税 1 年。缴税凭证见表 8-6。

计算缴纳税款时：

应纳税额 =（361 600−176 800）×50%=92 400（元）

借：应交税费——应交增值税（已交税金） 92 400

贷：银行存款 92 400

借：应交税费——应交增值税（减免税款） 92 400

贷：营业外收入 92 400

表 8-6　中国工商银行电子缴税付款凭证

转账日期：2019 年 3 月 5 日　　　　　凭证字号：6346432

付款人全称	丹宇有限公司	征收机关名称	×××××
付款人账号	432543457	收款国库名称	×××××
付款人开户银行	中国银行深圳市东山支行	小写（合计）金额	¥92 400
缴款书交易流水号	243546	大写（合计）金额	玖万贰壹仟肆佰元整
税（费）种名称	所属日期	实缴金额	
增值税	2019 年 1 月	92 400	

第 × 次打印　　作付款回单　　无银行收讫章无效　　复核　　打印日期：×× 年 ×× 月 ×× 日

8.2.4 增值税发票的管理

增值税发票包括增值税普通发票和增值税专用发票。增值税普通发票是不能抵扣的。

1. 专用发票实行最高开票限额管理

最高开票限额，是指单份专用发票开具的销售额合计数不得达到的上限额度。

（1）最高开票限额由一般纳税人申请，税务机关依法审批。最高开票限额为 10 万元及以下的，由区县级税务机关审批；最高开票限额为 100 万元的，由地市级税务机关审批；最高开票限额为 1 000 万元及以上的，由省级税务机关审批。

防伪税控系统的具体发行工作由区县级税务机关负责。

（2）税务机关审批最高开票限额应进行实地核查。批准使用最高开票限额为 10 万元及以下的，由区县级税务机关派人实地核查；批准使用最高开票限额为 100 万元的，由地市级税务机关派人实地核查；批准使用最高开票限额为

1 000 万元及以上的，由地市级税务机关派人实地核查后将核查资料报省级税务机关审核。

一般纳税人申请最高开票限额时，需填报《最高开票限额申请表》。

2. 增值税专用发票的初次发行

一般纳税人领购专用设备后，凭《最高开票限额申请表》《发票领购簿》到主管税务机关办理初始发行。

初始发行，是指主管税务机关将一般纳税人的下列信息载入空白金税卡和 IC 卡的行为。

- 企业名称
- 统一社会信用代码
- 开票限额
- 购票限量
- 购票人员姓名、密码
- 开票机数量
- 国家税务总局规定的其他信息

3. 增值税发票的购买

增值税专用发票的开具是通过增值税开票系统进行的。纳税单位经过税务机关的认证，取得增值税一般纳税人资格后，就可以安装增值税防伪开票系统。

防伪开票系统由金税卡、系统软件、IC 卡及读卡器、发票、打印机组成。

（1）系统安装完毕后，第一步是到税务机关购买增值税发票，此时要带上 IC 卡，税务机关出售发票后会将发票的电子信息读到 IC 卡上，如发票号、版本、开票限额等。这些信息与同时购买的纸质发票一致。

（2）购买发票后，将 IC 卡插入本单位开票系统读卡器，此时，发票的电子信息将被读入开票系统。此时要注意，系统开具的发票是顺号的，在打印实物发票之前必须将系统开具发票的号码与从税务机关取得的实物发票号码核对一致。见表 8-7。

表 8-7　纳税人领购发票票种核定申请表

统一社会信用代号 | 4 | 6 | 2 | 3 | 4 | 2 | 0 | 5 | 8 | 0 | 9 | 9 | 7 | 5 | 4 | 1 | 2 | H |

纳税人名称：（公章）（略）

发票名称	联次	金额版	数量	每月用量
增值税专用发票	三联	机打版	400 份	400 份
增值税普通发票	两联	机打版	100 份	100 份
申请理由： 销售货物所需 办税人员： 纳税人（公章） 2019 年 1 月 19 日 （印章：双城有限公司）			申请人财务专用章或发票专用章印模	（印章：双城有限公司 发票专用章）
以下由税务机关填写				
发票名称	每次领购最大数量	每月购票最高数量	最高持票数量	购票方式
区局审批意见	经办人： 年　月　日	部门负责人： 年　月　日	分管局长： 年　月　日	

（3）发票打印出来后，加具开票单位的发票专用章，就可以将发票送给购货单位。如果发票有错，则需要作废。此时，在作废纸制发票的同时，也要作废系统发票。

（4）有时可能由于销货退回、折让和折扣等原因，需要开具红字发票，开票系统提供了这一功能。这时只要输入原蓝字发票，就可以开具对应的红字发票。但需要注意的是，开具之前，一定要取得购货单位到税务局办理的销售退回或折让与折扣证明单。

4. 增值税进项发票的认证

（1）增值税进项发票的认证在税务机关的认证系统进行。认证的目的是确认增值税发票的真伪。只有通过认证的发票才能抵扣。

（2）增值税一般纳税人取得增值税专用发票、公路内河货物运输业统一发票和机动车销售统一发票，应在开具之日起 360 日内到税务机关办理认证，并在认证通过的次月申报期内，向主管税务机关申报抵扣进项税额。

5. 抄报税

抄报税指的是将防伪开票系统开具发票的信息报送税务机关。

这个过程分为两步，第一步是月底，在开票系统进行抄税处理，将本月开具增值税专用发票的信息读入 IC 卡（抄税完成后本月不允许再开具发票），第二步，就是将 IC 卡拿到税务机关，由税务人员将 IC 卡的信息读入税务机关的金税系统，整个过程就完成了。

经过抄税，税务机关确保了所有开具的销项发票到进入金税系统；经过报税，税务机关确保了所有抵扣的进项发票都进入了金税系统，就可以在系统内进行自动进行比对，确保任何一张抵扣的进项发票都有销项发票与其对应。

6. 专用发票的作废

一般纳税人在开具专用发票当月，发生销货退回、开票有误等情形，收到退回的发票联、抵扣联符合作废条件的，按作废处理；开具时发现有误的，可即时作废。作废专用发票须在防伪税控系统中将相应的数据电文按“作废”处理，在纸质专用发票（含未打印的专用发票）各联次上注明“作废”字样，全联次留存。

作废条件：

（1）收到退回的发票联、抵扣联时间未超过销售方开票当月；

（2）销售方未抄税并且未记账；

（3）购买方未认证或者认证结果为“纳税人识别号认证不符”“专用发票代码、号码认证不符”。

怎样开红字发票

当企业所开发票有误或者由于商品质量等问题购货方退货时，但因已抄税不能作废，可开具负数发票来冲抵，即红字发票。

开具负数发票（专用发票）流程：

（1）提交申请单：企业在开票系统中开具申请单并提交税务机关；

（2）开具通知单：税务机关审核申请单并在税务端开具通知单；

（3）开具红字发票：企业根据所取得的通知单开具红字专用发票。

8.2.5 小规模纳税人会计处理

小规模纳税人只需在“应交税费”科目下设置“应交增值税”明细科目，不需要设置上述专栏及除“转让金融商品应交增值税”“代扣代交增值税”外的明细科目。

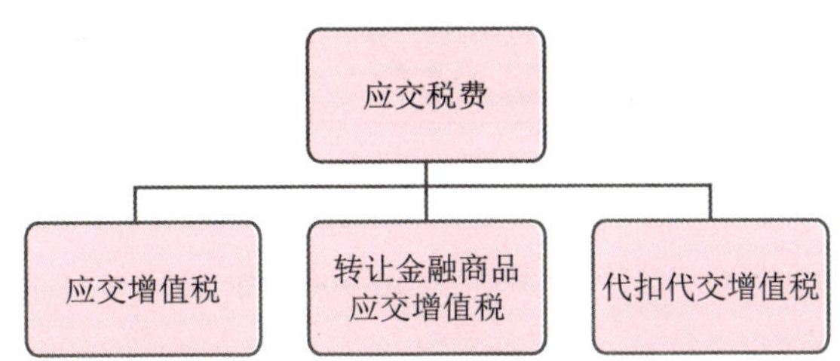

小规模纳税人销售货物或提供应税劳务，其应纳税额的计算不适用扣税法，而是实行按照销售额和征收率计算应纳税额的简易办法，并不得抵扣进项税额。

其计算公式为：

应纳税额 = 销售额 × 征收率

销售额，不包括收取的增值税销项税额，即为不含税销售额。

对销售货物或提供应税劳务采取销售额和增值税销项税额合并定价方法的，要分离出不含税销售额。其计算公式为：

销售额 = 含税销售额 ÷（1+ 征收率）

小规模纳税人销售自己使用过的固定资产和旧货，按下列公式确定销售额和应纳税额：

销售额 = 含税销售额 ÷（1+3%）

应纳税额 = 销售额 ×2%

小规模纳税人增值税会计处理，见表 8-8。

表 8-8　小规模纳税人增值税会计处理

业务情景	账务处理
购入货物或接受应税劳务的会计处理	借：材料采购（原材料、制造费用、管理费用、销售费用、其他业务成本等科目） 贷：银行存款（应付账款、应付票据等科目）
销售货物或提供应税劳务的会计处理	借：银行存款（应收账款、应收票据等科目） 贷：主营业务收入（其他业务收入等） 应交税费——应交增值税 注：发生的销货退回，做相反的会计分录
缴纳增值税款的会计处理	借：应交税费——应交增值税 贷：银行存款等科目 收到退回多缴的增值税时，做相反的会计分录。

【例 8-3】 蓝月公司为增值税小规模纳税人，2019 年 1 月 13 日购进材料，取得增值税普通发票，发票上注明价款 56 000 元；2019 年 1 月 10 日取得含税销售收入 173 040 元；2019 年 1 月 20 日，向绿光公司销售货物并由税务机关代开专用发票，发票注明不含税价款 89 000 元，税金 2 670 元。

企业购进货物已验收入库，货款均以银行存款收付，该企业采用进价核算制。

（1）该公司第一季度应缴纳的增值税：

销售货物应缴纳增值税 =2 670（元）→代开专票时要预缴税款

销售收入应缴纳增值税 =173 040 ÷（1 + 3%）×3%=5 040（元）

（2）会计分录如下：

借：库存商品　　　　56 000

贷：银行存款　　56 000

①到国税局代开专票：

借：银行存款　　91 670

贷：主营业务收入　　89 000

应交税费——应交增值税　　2 670

借：应交税费——应交增值税　　2 670

贷：银行存款　　2 670

借：银行存款　　173 040

贷：主营业务收入　　168 000

应交税费——应交增值税　　5 040

② 1 月实际缴税时：

借：应交税费——应交增值税　　5 040

贷：银行存款　　5 040

增值税纳税申报表（小规模纳税人适用），见表 8-9。

表 8-9　增值税纳税申报表（小规模纳税人适用）（部分）

项　目		栏次	本期数	
			货物及劳务	服务、不动产和无形资产
一、计税依据	应征增值税不含税销售额（3% 征收率）	1	257 000	
	税务机关代开的增值税专用发票不含税销售额	2	89 000	
	税控器具开具的普通发票不含税销售额	3	168 000	
二、税款计算	本期应纳税额	4	7 710	
	本期应纳税额减征额	5	0	
	本期免税额	6	0	
	其中：小微企业免税额	7		
	未达起征点免税额	8		
	应纳税额合计	9=4−5	7 710	
	本期预缴税额	10	2 670	
	本期应补（退）税额	11=9−10	5 040	

8.3 城市维护建设税

城市维护建设税（简称城建税），是国家对缴纳增值税、消费税的单位和个人就其实际缴纳的税额为计税依据而征收的一种税。

城市建设税采用地区差别比例税率，纳税人所在地区不同，适用税率的档次也不同。具体规定见表 8-10。

表 8-10　城市维护建设税税率

城建税纳税人所在地	税率
市区的	7%
县城、建制镇	5%
不在市区、县城或者建制镇	1%

1. 计税依据

（1）纳税人违反有关规定而加收的滞纳金和罚款，不作为城建税的计税依据。

（2）纳税人违反有关规定，被查补“两税”和被处以罚款时，也要对其未缴的城建税进行补税和罚款。

（3）企业得到减征或免征优惠，城建税也要同时减免征。

需要注意的是，城建税进口不征、出口不退：进口环节海关代征增值税、消费税的，不随之征收城建税；出口退还增值税、消费税的，不退还已缴纳的城建税。

2. 城建税计算及会计处理

应纳税额 =（实际缴纳的增值税税额 + 实际缴纳消费税税额）× 适用税率

8.4 教育费附加

教育费附加是对缴纳增值税、消费税的单位和个人，就其实际缴纳的税额为计税依据征收的一种附加费。见表 8-11。

表 8-11　教育费附加税率

征收范围	征收比率	计税依据	计算公式
缴纳增值税、消费税的单位和个人	3%	实际缴纳的增值税、消费税税额为计税依据，与“两税”同时缴纳	应纳教育费附加 = 实际缴纳的“两税”税额 ×3%

（1）教育费附加出口不退，进口不征。

（2）对由于减免增值税、消费税而发生的退税，可同时退还已征收的教育费附加。

通过“税金及附加”账户核算。企业按规定计算应缴的教育费附加时，借记“税金及附加”科目，贷记“应交税费——应交教育费附加”科目。

【例 8-4】 承【例 8-2】，丹宇有限公司 2019 年 1 月份实际缴纳增值税 92 400 元。计算该企业应纳的城建税税额。城市维护建设税税率 7%，教育费附加 3%。见表 8-12、表 8-13。

应纳城建税税额 =92 400 × 7%=6 468（元）

应纳教育费附加 =92 400 × 3%=2 772（元）

（1）计提城建税和教育费附加。

借：税金及附加　9 240

　　贷：应交税费——应交城市维护建设税　6 468

　　　　　　　　——应交教育费附加　2 772

（2）缴纳城建税。

借：应交税费——应交城市维护建设税　6 468

　　　　　　——应交教育费附加　2 772

　　贷：银行存款　9 240

表 8-12 城市维护建设税纳税申报表

填表日期：2019 年 2 月 3 日

统一社会信用代码：× × × × × × × ×　　　　　金额单位：元（列至角分）

纳税人名称	丹宇有限公司		税款所属日期		2019 年 1 月
计税依据	计税金额	税率	应纳税额	已纳税额	应补（退）税额
1	2	3	4=2×3	5	6=4-5
增值税	92 400	7%	6 468		
消费税					
合计			6 468		
如纳税人填报，由纳税人填写以下各栏		如委托代理人填报，由代理人填写以下各栏			备注
会计主管：（签章）王青	纳税人：（公章）财务专用章	代理人名称		代理人（公章）	
		代理人地址			
		经办人姓名		电话：	
以下由税务机关填写					
收到申报表日期			接收人		

表 8-13 教育费附加纳税申报表

填表日期：2019 年 2 月 3 日

统一社会信用代码：× × × × × ×　　　　　金额单位：元（列至角分）

纳税人名称	丹宇有限公司		税款所属日期		2019 年 1 月
计税依据	计税金额	税率	应纳税额	已纳税额	应补（退）税额
1	2	3	4=2×3	5	6=4-5
增值税	92 400	3%	2 772		
消费税					
合计			2 772		
如纳税人填报，由纳税人填写以下各栏		如委托代理人填报，由代理人填写以下各栏			备注
会计主管：（签章）王青	纳税人：（公章）财务专用章	代理人名称		代理人（公章）	
		代理人地址			
		经办人姓名		电话：	
以下由税务机关填写					
收到申报表日期			接收人		

8.5 印花税

印花税是对经济活动和经济交往中书立、领受、使用的应税经济凭证的单位和个人所征收的一种税。因纳税人主要是通过在应税凭证上粘贴印花税票来完成纳税义务，故名印花税。

8.5.1 印花税的特点

1. 兼有凭证税和行为税性质

印花税是单位和个人书立、领受的应税凭证征收的一种税，具有凭证税性质。另一方面，任何一种应税经济凭证反映的都是某种特定的经济行为，因此，对凭证征税，实质上是对经济行为的课税。

2. 征税范围广泛

印花税的征税对象包括了经济活动和经济交往中的各种应税凭证，凡书立和领受这些凭证的单位和个人都要缴纳印花税，其征税范围是极其广泛的。随着市场经济的发展和经济法制的逐步健全，依法书立经济凭证的现象将会愈来愈普通。因此，印花税的征收面将更加广阔。

3. 税率低、负税轻

印花税与其他税种相比较，税率要低得多，其税负较轻，具有广集资金、积少成多的财政效应。

8.5.2 印花税征税范围

现行印花税只对《印花税暂行条例》列举的凭证征收，没有列举的凭证不征税。具体征税范围见表 8-14。

表 8-14 印花税税目税率表

税目	范围	税率	纳税义务人	说明
1. 购销合同	包括供应、预购、采购、购销结合及协作、调剂、补偿、易货等合同	按购销金额万分之三贴花	立合同人	
2. 加工承揽合同	包括加工、定作、修缮、修理、印刷、广告、测绘、测试等合同	按加工或承揽收入万分之五减半贴花	立合同人	
3. 建设工程勘察设计合同	包括勘察、设计合同	按收取费用万分之五减半贴花	立合同人	
4. 建筑安装工程承包合同	包括建筑、安装工程承包合同	按承包金额万分之三贴花	立合同人	
5. 财产租赁合同	包括租赁房屋、船舶、飞机、机动车辆、机械、器具、设备等	按租赁金额千分之一贴花。税额不足一元的按一元贴花	立合同人	
6. 货物运输合同	包括民用航空、铁路运输、海上运输、内河运输、公路运输和联运合同	按运输费用万分之五减半贴花	立合同人	单据作为合同使用的，按合同贴花
7. 仓储保管合同	包括仓储、保管合同	按仓储保管费用千分之一贴花	立合同人	仓单或栈单作为合同使用的，按合同贴花
8. 借款合同	银行及其他金融组织和借款人（不包括银行同业拆借）所签订的借款合同	按借款金额万分之零点五贴花	立合同人	单据作为合同使用的，按合同贴花
9. 财产保险合同	包括财产、责任、保证、信用等保险合同	按投保金额万分之零点三贴花	立合同人	单据作为合同使用的，按合同贴花
10. 技术合同	包括技术开发、转让、咨询、服务等合同	按所载金额万分之三贴花	立合同人	
11. 产权转移书据	包括财产所有权和版权、商标专用权、专利权、专有技术使用权等转移书据	按所载金额万分之五减半贴花	立据人	

续上表

税目	范围	税率	纳税义务人	说明
12. 营业账簿	生产经营用账册	记载资金的账簿，按固定资产原值与自有流动资金总额万分之五减半贴花。其他账簿免征	立账簿人	
13. 权利许可证照	包括政府部门发给的房屋产权证、工商营业执照、商标注册证、专利证、土地使用证	免征	领受人	

8.5.3 哪些项目免征印花税

以下项目免征印花税：

（1）已经缴纳印花税的凭证的副本、抄本，但是视同正本使用者除外；

（2）财产所有人将财产赠给政府、抚养孤老伤残人员的社会福利单位、学校所立的书据；

（3）国家指定的收购部门与村民委员会、农民个人书立的农副产品收购合同；

（4）无息、贴息贷款合同；

（5）外国政府、国际金融组织向中国政府、国家金融机构提供优惠贷款所书立的合同；

（6）企业因改制而签订的产权转移书据；

（7）农民专业合作社与本社成员签订的农业产品和农业生产资料购销合同；

（8）个人出租、承租住房签订的租赁合同，廉租住房、经济适用住房经营管理单位与廉租住房、经济适用住房有关的凭证，廉租住房承租人、经济适用住房购买人与廉租住房、经济适用住房有关的凭证。

下列项目可以暂免征收印花税：

（1）农林作物、牧业畜类保险合同；

（2）书、报、刊发行单位之间，发行单位与订阅单位、个人之间书立的凭证；

（3）投资者买卖证券投资基金单位；

（4）经国务院和省级人民政府决定或者批准进行政企脱钩、对企业（集团）进行改组和改变管理体制、变更企业隶属关系，国有企业改制、盘活国有企业资产，发生的国有股权无偿划转行为；

（5）个人销售、购买住房。

8.5.4 征收方式

印花税根据不同征税项目，分别实行从价计征和从量计征两种征收方式。

（1）从价计税情况下计税依据的确定。

（2）从量计税情况下计税依据的确定。实行从量计税的其他营业账簿和权利、许可证照，以计税数量为计税依据。

印花税以应纳税凭证所记载的金额、费用、收入额和凭证的件数为计税依据，按照适用税率或者税额标准计算应纳税额。

应纳税额计算公式：

应纳数额 = 应纳税凭证记载的金额（费用、收入额）× 适用税率

应纳税额 = 应纳税凭证的件数 × 适用税额标准

小贴士

根据财税〔2018〕50号《关于对营业账簿减免印花税的通知》，自2018年5月1日起，对按万分之五税率贴花的资金账簿减半征收印花税，对按件贴花五元的其他账簿免征印花税。

8.5.5 印花税应纳税额的计算

1. 按比例税率计算的

应纳税额 = 应税凭证计税金额 × 适用税率

2. 营业账簿中记载资金的账簿，印花税应纳税额的计算公式

应纳税额 =（实收资本 + 资本公积）×0.25‰

【例 8-5】某企业 2019 年 2 月开业，领受房产权证、工商营业执照、土地使用证各一份，与其他企业订立转移专用技术使用权书据一份，所载金额 1 000 000 元；订立产品购销合同两件，所载金额 2 500 000 元；订立借款合同一份，所载金额 1 000 000 元。此外，企业的营业账簿中，“实收资本”载有资金 50 000 000 元，其他营业账簿 20 本。计算该企业 2019 年 2 月应纳的印花税。

（1）企业领受权利许可证照免征印花税额

（2）企业订立产权转移书据应纳税额 =1 000 000 ×0.25‰ =250（元）

（3）企业订立购销合同应纳税额 =2 500 000×0.3‰ =750（元）

（4）企业订立借款合同应纳税额 =1 000 000×0.05‰ =50（元）

（5）企业营业账簿中“实收资本”所载资金应纳税额

=50 000 000 ×0.25‰ =12 500（元）

（6）企业其他营业账簿免征印花税额

（7）月份应纳印花税 =250+750+50+12 500=13 550（元）

借：税金及附加——印花税　　13 550

　　贷：银行存款　　13 550

根据上述资料，填写印花税纳税申报表，见表 8-15。

表 8-15　印花税纳税申报表

税款所属期 2019 年 2 月

统一社会信用代码：×××××××××

纳税人名称（盖章）双城有限公司

单位：元（列至角分）

应税凭证	是否汇总缴纳	计税金额或件数	核定征收		适用税率	本期应纳税额	减免税额	本期已缴税额	本期应补（退）税额
			核定依据	核定比例					
		1	2	3	4	5=（1+2×3）×4	6	7	8=5-6-7
产权转移书据		1 000 000			0.25‰	250			
购销合同		2 500 000			0.3‰	750			

CHAPTER 8

续上表

应税凭证	是否汇总缴纳	计税金额或件数	核定征收		适用税率	本期应纳税额	减免税额	本期已缴税额	本期应补（退）税额
			核定依据	核定比例					
		1	2	3	4	5=（1+2×3）×4	6	7	8=5-6-7
借款合同		100 000			0.05‰	50			
“实收资本”所载资金		50 000 000			0.25‰	12 500			
合计	——	——	——	——	——	13 550			

<table>
<tr><td colspan="2">如纳税人填报，由纳税人填写以下各栏</td><td colspan="5">如委托税务代理机构填报，由税务代理机构填写以下各栏</td></tr>
<tr><td rowspan="2">会计主管（签章）</td><td rowspan="2">经办人（签章）</td><td>税务代理机构名称</td><td colspan="3"></td><td rowspan="3">税务代理机构（公章）</td></tr>
<tr><td>税务代理机构地址</td><td colspan="3"></td></tr>
<tr><td rowspan="5">申报声明</td><td rowspan="5">此纳税申报表是根据国家税收法律的规定填报的，我确信它是真实的、可靠的、完整的。
申明人：
（法定代表人签字或盖章）</td><td>代理人（签章）</td><td colspan="3"></td></tr>
<tr><td colspan="5">以下由税务机关填写</td></tr>
<tr><td>受理日期</td><td></td><td>受理人</td><td colspan="2"></td></tr>
<tr><td>审核日期</td><td></td><td>审核人</td><td colspan="2"></td></tr>
<tr><td>审核记录</td><td colspan="4"></td></tr>
</table>

8.6 企业所得税

企业所得税，又称公司所得税或法人所得税，是国家对企业生产经营所得和其他所得征收的一种所得税。企业所得税的计税依据是应纳税所得额，即指企业每一纳税年度的收入总额，减除不征税收入、免税收入、各项扣除以及允许弥补的以前年度亏损后的余额。如果计算出的数额小于零，为亏损。

8.6.1 税率

企业所得税的税率分为以下几种。

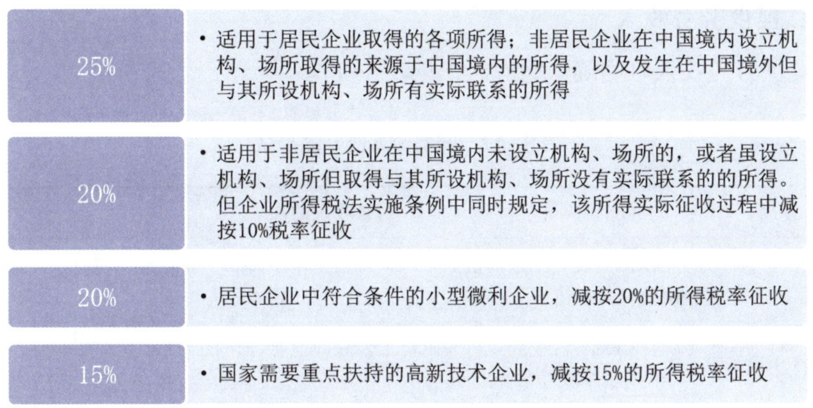

8.6.2 收入时间的确定

1. 销售货物收入

除法律法规另有规定外，企业销售收入的确认，必须遵循权责发生制和实质重于形式原则。销售货物收入确认的时间，见表 8-16。

表 8-16 销售货物收入时间的确认

销售方式	确认时间
托收承付	办妥托收手续时确认收入
预收款	在发出商品时确认收入
销售商品需要安装和检验	在购买方接受商品以及安装和检验完毕时确认收入。如果安装程序比较简单，可在发出商品时确认收入
以支付手续费方式委托代销	在收到代销清单时确认收入
售后回购	销售的商品按售价确认收入，回购的商品作为购进商品处理
以旧换新	销售商品应当按照销售商品收入确认条件确认收入，回收的商品作为购进商品处理
商业折扣	应当按照扣除商业折扣后的金额确定销售货物收入金额
销售折让	应当在发生时冲减当期销售货物收入
销售退回	应当在发生时冲减当期销售货物收入
有合同或协议价款的	购货方已收或应收的确定销售货物收入金额
现金折扣	应当按照扣除现金折扣前的金额确定销售货物收入金额。现金折扣在实际发生时计入当期损益

2. 提供劳务收入

提供劳务收入时间确认的方法，见表 8-17。

表 8-17　劳务收入时间的确认

依据	劳务收入的确认
安装费	应根据安装完工进度确认收入。安装工作是商品销售附带条件的，安装费在确认商品销售实现时确认收入
宣传媒介的收费	应在相关广告或商业行为出现于公众面前时确认收入。广告的制作费，应根据制作广告的完工进度确认收入
软件费	为特定客户开发软件的收费，应根据开发的完工进度确认收入
服务费	包含在商品售价内可区分的服务费，在提供服务的期间分期确认收入
艺术表演、招待宴会和其他特殊活动	在相关活动发生时确认收入，收费涉及几项活动的，预收的款项应合理分配给每项活动，分别确认收入
会员费	申请入会或加入会员，只允许取得会籍，所有其他服务或商品要另行收费的，在取得会员费时确认收入。申请入会或加入会员后，会员在会员期内不再付费就可得到各种服务或商品，或者以低于非会员的价格销售商品或提供服务的，该会员费应在整个受益期内分期确认收入
特许权费	属于提供设备和其他有形资产的特许权费，在交付资产或转移资产所有权时确认收入；属于提供初始及后续服务的特许权费，在提供服务时确认收入
劳务费	长期为客户提供重复的劳务收取的劳务费，在相关劳务活动发生时确认收入

3. 其他收入

其他收入主要指使用费收入，出租固定资产取得的租金，进行债权投资收取的利息，进行股权投资取得的现金股利等。

其他收入时间的确认，见表 8-18。

表 8-18　其他收入时间的确认

收入形式	确认时间
转让财产收入	是指企业转让固定资产、投资性房地产、生物资产、无形资产、股权、债权等所取得的收入，按照合同约定日期确认收入

续上表

收入形式	确认时间
股息、红利等权益性投资收益	指企业因权益性投资从被投资方取得的所得，除国务院财政、税务主管部门另有规定外，按照被投资方作出利润分配决定的日期确认收入的实现
利息收入	是指企业将资金提供他人使用但不构成权益性投资或因他人占用本企业资金所取得的利息收入，包括存款利息、贷款利息、债券利息、欠款利息等收入。 利息收入，按照合同约定的债务人应付利息的日期确认收入的实现
租金收入	是指企业提供固定资产、包装物或者其他资产的使用权取得的所得。 租金收入，按照合同约定的承租人应付租金的日期确认收入的实现
特许权使用费收入	是指企业提供专利权、非专利技术、商标权、著作权以及其他特许权的使用权取得的所得。特许权使用费收入，按照合同约定的特许权使用人应付特许权使用费的日期确认收入的实现
接受捐赠收入	是指企业接受的来自其他企业、组织或者个人无偿给予的货币性资产、非货币性资产。 接受捐赠收入，按照实际收到捐赠资产的日期确认收入的实现
其他收入	包括企业资产溢余收入、逾期未退包装物没收的押金、确实无法偿付的应付款项、企业已作坏账损失处理后又收回的应收账款、债务重组收入、补贴收入、教育费附加返还款、违约金收入、汇兑收益等，按照收到时确认

8.6.3 准予扣除的项目

企业实际发生的与取得收入有关的、合理的支出，包括成本、费用、税金、损失和其他支出，准予在计算应纳税所得额时扣除。

税前扣除的确认原则：权责发生制原则；配比原则；相关性原则；确定性原则；合理性原则；资本性支出与收益性支出原则。

8.6.4 不得扣除的项目

税前不得扣除的项目如下。

1 • 向投资者支付的股息、红利等权益性投资收益款项

2 • 企业所得税税款

3 • 税收滞纳金

4 • 罚金、罚款和被没收财物的损失

5 • 不符合规定的捐赠支出

6 • 赞助支出

7 • 未经核定的准备金支出

8 • 与取得收入无关的其他支出

8.6.5 企业所得税的计算

我国计算企业所得税时，一般采用资产负债债务法。利润表中的所得税费用由两部分组成：当期所得税和递延所得税费用（或收益）。

1. 当期所得税

当期所得税应当以适用的税收法规为基础计算确定。

应交所得税 = 应纳税所得额 × 所得税税率

应纳税所得额 = 会计利润 + 纳税调整增加额 − 纳税调整减少额 + 境外应税所得弥补境内亏损 − 弥补以前年度亏损

当期所得税 = 当期应交所得税 = 应纳税所得额 × 适用税率 − 减免税额 − 抵免税额

2. 居民企业应纳税额的计算

（1）直接计算法

应纳税所得额 = 收入总额 − 不征税收入 − 免税收入 − 各项扣除金额 − 弥补亏损

（2）间接计算法

应纳税所得额 = 会计利润总额 ± 纳税调整项目金额

【例 8-6】 双城有限公司为居民企业，2019 年 1 月发生经营业务如下。

（1）取得产品销售收入 1 450 000 元；

（2）发生产品销售成本 540 000 元；

（3）发生销售费用 120 000 元 (其中广告费 40 000 元)；管理费用 180 000 元 (其中业务招待费 90 000 元)；财务费用 40 000 元；

（4）销售税金 187 000 元 (含增值税 100 000 元)；

（5）营业外收入 80 000 元，营业外支出 79 000 元 (含通过公益性社会团体向贫困山区捐款 50 000 元，支付税收滞纳金 3 000 元)；

（6）计入成本、费用中的实发工资总额 210 000 元、拨缴职工工会经费 20 000 元、发生职工福利费 31 000 元、发生职工教育经费 25 000 元。

根据以上业务，先计算企业会计利润总额，然后按照的税法的要求，调增或调减各项费用。最后根据企业适用所得税税率，计算 2019 年 1 月实际应纳的企业所得税。

①会计利润总额 =1 450 000+80 000−540 000−120 000−180 000−40 000−（187 000−100 000）−79 000=484 000(元)

②根据规定，不超过当年销售收入 15% 的部分，准予扣除；超过部分，准予在以后纳税年度结转。即广告费和业务宣传费扣除标准 =1 450 000×15%=217 500（元）

广告费 40 000 元小于扣除标准，故广告费不需调整。

③企业发生的与生产经营活动有关的业务招待费支出，按照发生额的 60% 扣除，但最高不得超过当年销售（营业）收入的 0.5%。即 1 450 000×0.5%=7 250（元）

业务招待费发生额为 90 000，即 90 000×60%=54 000（元）

业务招待费调增所得额 =90 000−7 250=82 750（元）

④根据规定，通过政府或公益团体捐赠支出，在年度利润总额 12% 以内部分准予扣除，即：捐赠支出扣除标准 =484 000×12% =58 080(元)

捐赠支出款不需调整。

⑤根据规定，不超过工资薪金总额 2% 的部分，准予扣除，即：工会经费应调增所得额 =20 000−210 000 × 2%=15 800(元)

⑥职工福利费应调增所得额 =31 000−210 000 × 14%=1 600(元)

⑦根据财税〔2018〕51 号《关于企业职工教育经费税前扣除政策的通知》规定，企业发生的职工教育经费支出，不超过工资薪金总额 8% 的部分，准予在计算企业所得税应纳税所得额时扣除；超过部分，准予在以后纳税年度结转扣除。职工教育经费应调增所得额 =25 000−210 000 × 8%=8 200（元）

⑧支付税收滞纳金 3 000 元不得扣除，应调回

⑨应纳税所得额 =484 000+82 750+15 800+1 600+8 200+3 000=595 350（元）

⑩ 2019 年 1 月应缴企业所得税 =595 350 × 25%=148 837.50(元)

借：所得税费用　　　　　　　　　　　　148 837.50

　　贷：应交税费——应交所得税　　　　　　　148 837.50

企业所得税月（季）度预缴纳税申报表，见表 8−19。

表 8−19　中华人民共和国

企业所得税月（季）度预缴纳税申报表（A 类）

税款所属期间：2019 年 1 月 1 日 至 2019 年 1 月 31 日

统一社会信用代码：× × × × × ×

纳税人名称：双城有限公司　　　　　　　　　　金额单位：人民币元（元至角分）

行次	项　目	本期金额	累计金额
1	一、按照实际利润额预缴		
2	营业收入	1 450 000	1 450 000
3	营业成本	540 000	540 000
4	利润总额	484 000	484 000
5	加：特定业务计算的应纳税所得额		
6	减：不征税收入		
7	免税收入		
8	减征、免征应纳税所得额		
9	弥补以前年度亏损		

续上表

行次	项　目		本期金额	累计金额
10	实际利润额（4 行 +5 行 −6 行 −7 行 −8 行 −9 行）			
11	税率 (25%)			
12	应纳所得税额		595 350	595 350
13	减：减免所得税额			
14	其中：符合条件的小型微利企业减免所得税额			
15	减：实际已预缴所得税额		——	
16	减：特定业务预缴（征）所得税额			
17	应补（退）所得税额（12 行 −13 行 −15 行 −16 行）		——	
18	减：以前年度多缴在本期抵缴所得税额			
19	本月（季）实际应补（退）所得税额		——	
20	二、按照上一纳税年度应纳税所得额平均额预缴			
21	上一纳税年度应纳税所得额		——	
22	本月（季）应纳税所得额（21 行 ×1/4 或 1/12）			
23	税率（25%）		25%	
24	本月（季）应纳所得税额（22 行 ×23 行）			
25	减：符合条件的小型微利企业减免所得税额			
26	本月（季）实际应纳所得税额（24 行 −25 行）			
27	三、按照税务机关确定的其他方法预缴			
28	本月（季）税务机关确定的预缴所得税额		148 837.50	148 837.50
29	总分机构纳税人			
30	总机构	总机构分摊所得税额（19 行或 26 行或 28 行 × 总机构分摊预缴比例）		
31		财政集中分配所得税额		
32		分支机构分摊所得税额 (19 行或 26 行或 28 行 × 分支机构分摊比例）		
33		其中：总机构独立生产经营部门应分摊所得税额		
34	分支机构	分配比例		
35		分配所得税额		

续上表

<table>
<tr><th>行次</th><th>项　目</th><th>本期金额</th><th>累计金额</th></tr>
<tr><td colspan="4">谨声明：此纳税申报表是根据《中华人民共和国企业所得税法》、《中华人民共和国企业所得税法实施条例》和国家有关税收规定填报的，是真实的、可靠的、完整的。
法定代表人（签字）：　　2019 年 2 月 5 日</td></tr>
<tr><td colspan="2">纳税人公章：
会计主管：王青
填表日期：　年　月　日</td><td>代理申报中介机构公章：
经办人：
经办人执业证件号码：
代理申报日期：　年　月　日</td><td>主管税务机关受理专用章：
受理人：
受理日期：　年　月　日</td></tr>
</table>

国家税务总局监制

8.7 个人所得税

2018 年 8 月 31 日，关于修改《个人所得税法》的决定经第十三届全国人大常委会第五次会议表决通过。个人所得税起征点确定为每月 5 000 元。新的《个人所得税法》规定：居民个人的综合所得，以每一纳税年度的收入额减除费用 60 000 元以及基本扣除项目、专项附加扣除和依法确定的其他扣除后的余额，为应纳税所得额。计算公式如下：

应纳税所得额 = 月收入 −5 000 元（起征点）− 基本扣除项目 − 专项附加扣除项目 − 依法确定的其他扣除

8.7.1 扣除项目

1. 基本扣除项目

（1）按照规定，单位为个人缴付和个人缴付的基本养老保险费、基本医疗保险费、失业保险费、住房公积金，从纳税义务人的应纳税所得额中扣除。

未超过国家或省（自治区、直辖市）人民政府规定的缴费比例或办法的，免征个人所得税。

（2）企事业单位和个人超过规定的比例和标准缴付的基本养老保险费、基本医疗保险费和失业保险费，应将超过部分并入个人当期的工资、薪金收入，计征个人所得税。

（3）企业为员工交纳的社会保险没有超过国家或省（自治区、直辖市）人民政府规定的缴费比例或办法的，免征个人所得税；超过的部分应并入个人当期的工资、薪金收入，计征个人所得税。

因此，企业为员工交纳的社会保险费超过了按其本人上一年度月平均工资的 300% 计算的社会保险费部分，应并入个人当期的工资、薪金收入，计征个人所得税。

（4）企业为员工交纳的所有商业保险是不免个人所得税的。应在向保险公司缴付时并入员工当期的工资收入，按“工资、薪金所得”项目计征个人所得税。

但是，对于商业保险中的企业年金，财政部、人力资源社会保障部、国家税务总局联合发文——《财政部 人力资源社会保障部 国家税务总局关于企业年金 职业年金个人所得税有关问题的通知》（财税〔2013〕103 号）规定，企业为员工缴纳的企业年金（包括企业为个人缴付的和个人缴付的），可以迟延到退休领取时再缴纳个人所得税。

2. 专项附加扣除项目

专项附加扣除项目见表 8-20。

表 8-20　专项附加扣除项目

项　目	条　件	扣除标准	限定范围
子女教育	纳税人的子女接受全日制学历教育的相关支出	每个子女 1 000元	每月
继续教育	纳税人在中国境内接受学历（学位）继续教育的支出	每月 400 元	不能超过 48 个月
	纳税人参加技能人员职业资格继续教育、专业技术人员职业资格继续教育	3 600 元	在取得相关证书的当年

续上表

项　目	条　件	扣除标准	限定范围
大病医疗	纳税人发生的与基本医疗保险相关的医药费用支出，扣除医保报销后个人负担（指医保目录范围内的自付部分）累计超过 15 000 元的部分	在 80 000 元限额内据实扣除	在一个纳税年度内
住房贷款利息	商贷或公积金贷款	按照每月 1 000 元的标准定额扣除，扣除期限最长不超过 240 个月	首套住房贷款利息支出
住房租金	直辖市、省会（首府）城市、计划单列市以及国务院确定的其他城市	1 500	每月
	市辖区户籍人口超过 100 万的城市	1 100	每月
	市辖区户籍人口不超过 100 万的城市	800	每月
赡养老人	纳税人为独生子女的	2 000	每月
	纳税人为非独生子女的	每人分摊的额度不能超过每月 1 000 元	每月

中国个人所得税的征收方式实行源泉扣缴与自行申报并用法，注重源泉扣缴。

个人所得税的征收方式可分为按月计征和按年计征。个体工商户的生产、经营所得，对企业事业单位的承包经营、承租经营所得，特定行业的工资、薪金所得，从中国境外取得的所得，实行按年计征应纳税额，其他所得应纳税额实行按月计征。

8.7.2 税率

工资、薪金所得七级超额累计税率，见表 8-21。

表 8-21　工资、薪金所得个人所得税税率表

级数	每次应纳税所得额	税率（%）	速算扣除数
1	不超过 3 000 元部分	3	0
2	超过 3 000~12 000 元	10	210
3	超过 12 000~25 000 元	20	1 410
4	超过 25 000~35 000 元	25	2 660

续上表

级数	每次应纳税所得额	税率（%）	速算扣除数
5	超过 35 000~55 000 元	30	4 410
6	超过 55 000~80 000 元	35	7 160
7	超过 80 000 元部分	45	15 160

速算扣除数的计算公式是：

本级速算扣除额 = 上一级最高应纳税所得额 ×（本级税率 − 上一级税率）+ 上一级速算扣除数

税率 3% 对应速算扣除数为 0

税率 10% 对应速算扣除数为 3 000 ×（10%−3%）+0=210（元）

税率 20% 对应速算扣除数为 12 000 ×（20%−10%）+210=1 410（元）

税率 25% 对应速算扣除数为 25 000 ×（25%−20%）+1 410=2 660（元）

税率 30% 对应速算扣除数为 35 000 ×（30%−25%）+2 660=4 410（元）

税率 35% 对应速算扣除数为 55 000 ×（35%−30%）+4 410=7 160（元）

税率 45% 对应速算扣除数为 80 000 ×（45%−35%）+7 160=15 160（元）

【例 8-7】 假定李先生 2019 年 1 月绩效工资为 15 000 元，“五险一金”为 3 500 元。子女教育 1 000 元、住房租金 1 100 元，均在专项扣除范围内，请计算李先生应缴纳的个人所得税。

（1）计算应纳税所得额。

应纳税所得额 =15 000−3 500−5 000−1 000−1 100

=4 400（元）

（2）根据税率表，个人所得税税率 10%。

应纳税额 =4 400 × 10%−210=230（元）

8.8 契税

契税是以所有权发生转移变动的土地、房屋等不动产为征税对象，向产权承受的单位和个人一次性征收的一种财产税。契税是唯一从需求方进行调节的税种。

1. 契税征税对象

契税是以在我国境内发生土地使用权、房屋所有权权属转移的行为作为征税对象。

其征税范围具体包括：国有土地使用权出让、土地使用权转让、房屋买卖、房屋赠予、房屋交换、企业间的投资行为等。

2. 税率

契税实行幅度比例税率，税率幅度为3% ~ 5%。具体执行税率，由各省、自治区、直辖市人民政府在规定的幅度内，根据本地区的实际情况确定。

3. 计税依据

契税的计税依据如下。

1 • 土地使用权出售、房屋买卖，其计税依据为成交价格

2 • 土地使用权赠与、房屋赠与，其计税依据由征收机关参照土地使用权出售、房屋买卖的市场价格核定

3 • 土地使用权交换、房屋交换，其计税依据是所交换的土地使用权、房屋的价格差额

4 • 出让国有土地使用权的，其契税计税价格为承受人为取得该土地使用权而支付的全部经济利益

5 • 房屋买卖的契税计税价格为房屋买卖合同的总价款，买卖装修的房屋，装修费用应包括在内

4. 应纳税额的计算

$$应纳税额 = 计税依据 \times 税率$$

【例 8-8】 2019 年 1 月 31 日，双城有限公司从宏达房地产开发公司购买一套商铺，作为经营部使用。成交价格 1 120 000 元，双方签订了购房合同。当地政府规定的契税税率为 2%。

根据规定，房屋买卖，以成交价格为计税依据计算缴纳契税。则该居民应纳的契税税额为：

应纳税额 =11 200 000×2% =224 000（元）

契税纳税申报表，见表 8-22。

表 8-22　契税纳税申报表

填表日期：2019 年 2 月 5 日　　　　微机编码：　　　　单位：元、平方米

承受方	名称	双城有限公司				统一社会信用代码	46234205809975412 3K		
	企业登记注册类型	一般纳税人	所属行业	商业	邮政编码	××××	联系电话	0755-88205129	
	身份证照类型		——	身份证照号码		——			
转让方	名称	宏达房地产开发公司				统一社会信用代码	34274175748640623		
	企业登记注册类型	一般纳税人	所属行业	房地产业	邮政编码	×××	联系电话	0755-67893245	
	身份证照类型			身份证照号码					
土地、房屋权属转移	土地、房屋坐落地址		深圳市福田区前进路 12 号			合同签订时间		2019 年 1 月 31 日	
	权属转移面积		100m²			合同约定成交价格	11 200 000 元		
	纳税评估价格		元			计税价格	11 200 000 元		
	权属转移类　别	土地类：	01. 土地使用权出让		021. 土地使用权转让（出售、赠予、交换）			022. 土地使用权转让（作价出资、入股）	
	选择代码：	房屋类：	03. 购买商品房．其中：	031. 普通住房		04. 购买旧房（二手房）．其中：	041. 普通住房	05. 其他：房屋赠予、交换、拍卖、法院判决、划拨、抵债、其他	
				032. 购买非普通住房			042. 购买非普通住房		
				033. 购买非住宅类房屋			043. 购买非住宅类房屋		
适用税率	2%			计征税额		224 000 元			
减免类别	选择代码：	01. 国家机关	02. 事业单位	03. 社会团体	04. 军事单位	05. 城镇房改	06. 个人购买普通住房（减）	07. 企业改制	08. 其他
减免税额	0 元			应纳税额	224 000 元			滞纳金	0 元
我声明，此纳税申报表是根据《中华人民共和国契税暂行条例》的规定填报的，我确信它是真实的、可靠的、完整的。纳税人（签章）									

小贴示

聚焦“新收入准则 14 号”

2017 年 7 月 5 日，财政部正式发布了《关于修订印发〈企业会计准则第 14 号——收入〉的通知》（财会〔2017〕22 号）（以下简称“新收入准则 14 号”）。

1. 修订主要内容

（1）将现行收入和建造合同两项准则纳入统一的收入确认模型。

修订后的收入准则采用统一的收入确认模型来规范所有与客户之间的合同产生的收入，并且就“在一段时间内”还是“在某一时点”确认收入提供具体指引。

（2）以控制权转移替代风险报酬转移作为收入确认时点的判断标准。

修订后的收入准则打破商品和劳务的界限，要求企业在履行合同中的履约义务，即客户取得相关商品（或服务）控制权时确认收入，从而能够更加科学合理地反映企业的收入确认过程。

（3）对于包含多重交易安排的合同的会计处理提供更明确的指引。

修订后的收入准则对包含多重交易安排的合同的会计处理提供了更明确的指引，要求企业在合同开始日对合同进行评估，识别合同所包含的各项履约义务，按照各项履约义务所承诺商品（或服务）的相对单独售价将交易价格分摊至各项履约义务，进而在履行各履约义务时确认相应的收入。

（4）对于某些特定交易（或事项）的收入确认和计量给出了明确规定。

修订后的收入准则对于某些特定交易（或事项）的收入确认和计量给出了明确规定。例如，区分总额和净额确认收入、附有质量保证条款的销售、附有客户额外购买选择权的销售、向客户授予知识产权许可、售后回购、无需退还的初始费，等等。

2. 执行时间

（1）在境内外同时上市的企业以及在境外上市并采用国际财务报告准则或企业会计准则编制财务报表的企业，自 2018 年 1 月 1 日起施行；

（2）其他境内上市企业，自 2020 年 1 月 1 日起施行；

（3）执行企业会计准则的非上市企业，自 2021 年 1 月 1 日起施行。

第 9 章

企业开业如何办理

企业开业，必须“五证”俱全。“五证”指的是营业执照、组织机构代码证、税务登记证、社会保险登记证和统计登记证。

以前办这些证件，少则十几天，多则几个月，现在简单多了。根据国务院办公厅印发《关于加快推进“五证合一、一照一码”登记制度改革的通知》，对在全面实施工商营业执照、组织机构代码证、税务登记证“三证合一”登记制度改革的基础上，再整合社会保险登记证和统计登记证，实现“五证合一、一照一码”。

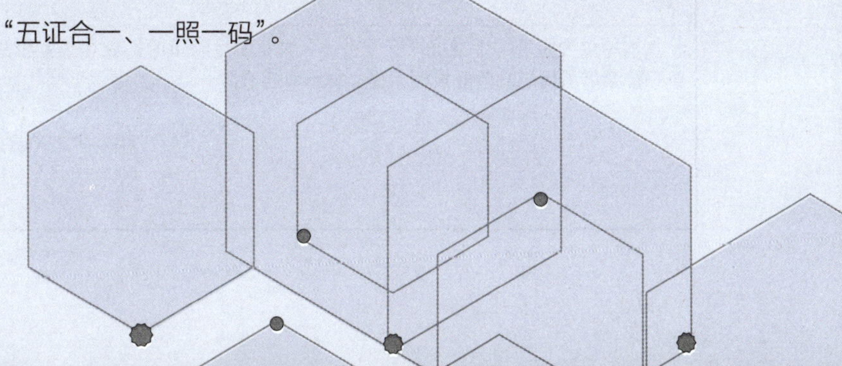

9.1 工商登记的办理

1.“五证合一、一照一码”准备资料

新的“五证合一”办证模式，采取“一表申请、一窗受理、并联审批、一份证照”的流程：

首先，办证人持工商网报系统申请审核通过后打印的《新设企业五证合一登记申请表》，携带其他纸质资料，前往当地税务大厅“多证合一”窗口受理；窗口核对信息、资料无误后，将信息导入工商准入系统，生成工商注册号，并在“五证合一”打证平台生成各部门号码，补录相关信息，同时，窗口专人将企业材料扫描，与《工商企业注册登记联办流转申请表》传递至质监、国税、地税、社保、统计五部门，由五部门分别完成后台信息录入；最后打印出载有一个证号的营业执照。

换领“五证合一,一照一码”营业执照所需资料如下。

（1）企业营业执照更换申请书，见表 9-1。

表 9-1 企业营业执照更换申请书

单位名称：双城有限公司

营业执照注册号	23456785465876	组织机构代码	2536475832
纳税人识别号	3450101400321821	社保登记号	2354756797
住所	深圳市省（市/自治区）福田区 市（地区/盟/自治乡）樱花大道33号 县（自治县/旗/自治旗/市/区） 乡（民族乡/镇/街道） 村（路/社区） 号		
生产经营地	深圳市省（市/自治区）福田区 市（地区/盟/自治乡）樱花大道33号 县（自治县/旗/自治旗/市/区） 乡（民族乡/镇/街道） 村（路/社区） 号		
申请人声明			
本单位按照《关于推行“五证合一”登记制度改革的实施意见》相关规定，申请更换加载统一社会信用代码的营业执照，提交材料真实有效。 法定代表（有权签字人）签字：池洲 公章：（略） 2019 年 1 月 20 日			

续上表

提交材料清单： ☑营业执照正副本　☑组织机构代码证正副本　☑税务登记证正副本
以下由企业登记机关填写
受理机关： 年　月　日
审核意见： 年　月　日

（2）联络员信息。

（3）财务负责人信息。

（4）其他证照：营业执照正、副本；组织机构代码证正、副本；税务登记证正、副本；社会保险登记证正、副本；统计证正、副本。

（5）第四项中有证书尚未办理的，出具未办理声明书。若证书遗失，则提供刊登遗失公告的报纸。

（6）若营业执照副本遗失，则在提供报纸的基础上，出具有公司公章、法定代表人签字的遗失证明。

2. 领取表格

（1）去当地市政大厅市场监管（工商）窗口领取《换照表》（法定代表人签字，经办人身份证复印件）、财务负责人信息表格、联络员信息表格填写并盖章。

（2）原来的营业执照、组织机构代码证、税务登记证、社会保险登记证、统计证这些正副本原件都带去收回。

（3）填写一份声明（法定代表人签字盖章）。

3. 提交资料

市场监管登记窗口收到申请人申请资料后，经审核，申请资料齐全并符合法定形式的，应向申请人出具《“五证合一”受理通知书》，并及时将相关申请信息录入企业注册登记系统，进入联合审批流程；申请资料不齐全的，市场监管登记窗口应当场一次性告知申请人需要补证的全部内容，并出具《补办通知书》。同时，综合窗口对受理的相关资料进行拍照或扫描，并及时传至平台。

4. 部门审核

市场监管登记窗口在承诺时间（内资企业 2 个工作日，外资企业 3 个工作日）内完成营业执照审批手续后，将申请资料和营业执照信息传至平台。

质监窗口收到平台推送申请资料和营业执照信息后，要在 0.5 个工作日内办理组织机构代码登记手续，并将组织机构代码发送至平台。

税务、统计和人力社保等部门窗口收到平台推送的申请资料、营业执照和组织机构代码信息后，要在 0.5 个工作日内分别办理税务登记证、统计登记证和社会保险登记证相关手续，并分别将税务登记证号、统计登记证号、社会保险登记证号发送至平台。

5. 及时办结

综合窗口收到各相关部门核准（或确认）登记信息后，在“五证合一”系统平台上打印出载有注册号、组织机构代码、税务登记证号、社会保险登记证号和统计登记证号的营业执照。

6. 一窗发证

申请人凭《“五证合一”受理通知书》或有效证件到综合窗口领取“五证合一”营业执照。申请资料原件由市场监管部门保存，在申请人需要向有关部门提交资料原件时，可向市场监管部门查询、复印。

9.2 企业年度报告公示制度

根据国务院《注册资本制度改革方案》和《企业信息公示暂行条例》的规定，2014 年 3 月 1 日起，取消企业年检制度，改为实施企业年度报告公示制度。企业应当于每年的 1 月 1 日至 6 月 30 日，通过企业信用信息公示系统向工商行政管理部门报送上一年度年度报告，并向社会公示查询。

企业年报时间：1 月 1 号至 6 月 30 号。申报方式为网上申报。

1. 企业年度报告需要准备的资料

企业年度报告需要准备的资料：

1. 企业通信地址、邮政编码、联系电话、电子邮箱等信息
2. 企业开业、歇业、清算等存续状态信息
3. 企业投资设立企业、购买股权信息
4. 企业为有限责任公司或者股份有限公司的，其股东或者发起人认缴和实缴的出资额、出资时间、出资方式等信息
5. 有限责任公司股东股权转让等股权变更信息
6. 企业网站以及从事网络经营的网店的名称、网址等信息
7. 企业从业人数、资产总额、负债总额、对外提供保证担保、所有者权益合计、营业总收入、主营业务收入、利润总额、净利润、纳税总额信息

第 1 项至第 6 项规定的信息应当向社会公示，第 7 项规定的信息由企业选择是否向社会公示。

2. 企业年报网上申报流程

（1）进入携创网（原中国工商注册网），如图 9-1 所示。

图 9-1　携创网界面

（2）进入后选择您企业所属地区，企业所属哪个城市就进入哪个城市，或者直接进入省份，如图 9-2 所示。

首页 全国企业查询 企业年报 移出经营异常名录 经营范围大全

企业年度报告公示制度说明

尊敬的用户：

欢迎您使用全国工商企业年报系统！

-- 使用流程 --

选择企业的所在地区　阅读企业年报操作说明　按照提示填写企业年报

请选择要查询年报的所在地区

华北 北京 天津 河北 山西 内蒙古

东北 辽宁 吉林 黑龙江

华东 上海 江苏 浙江 安徽 福建 江西 山东

华南 广东 广西 海南

华中 河南 湖北 湖南

西南 重庆 四川 贵州 云南 西藏

西北 陕西 甘肃 青海 宁夏 新疆

图 9-2 选择企业所在地区

（3）进入工商企业年报系统，如图 9-3 所示。

首页 企业查询 注册流程 企业年报 网上核名 移出异常名录 问答 经营范围大全

广东企业年报操作说明

- **企业年检正式取消**

2014年起企业年检正式取消，改为：企业年报。

- **企业年报时间是什么时候？**

答：年报时间为：1月1号至年6月30号。未按时申报公示的，将会被列入经营异常名录。（下面有移出异常名录流程！！！）

- **网上年度申报入口**

网上年报网址：http://www.xiechuangw.com/chaxun/66/ （下面有操作教程！！！！）

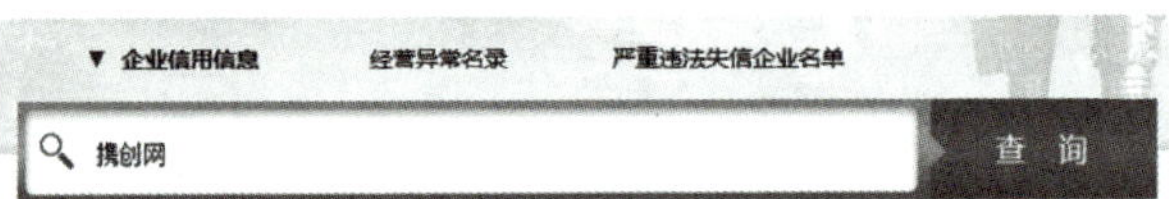

图 9-3 进入工商企业年报系统

（3）登录工商企业年报系统，如图 9-4 所示。

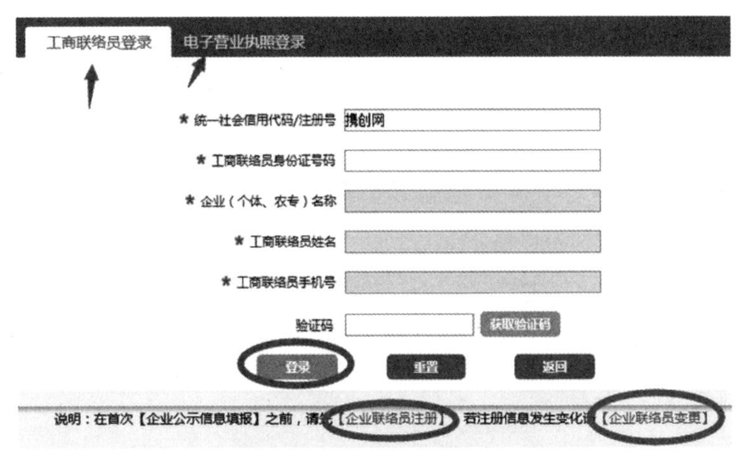

图 9-4 填写企业主要信息

（4）进入年度报告在线填录系统，如图 9-5 所示。

第四步：登录后进入填录系统首页，点击第一个图标“年度报告在线填报”（如下图）
个体户，农民专业合作社年报无需申报“其他自行公示信息填报”（若个体工商户和农民专业合作社登录，则没有“其他自行公示信息填报”这一项）

年度报告管理

序号	报告年份	最后修改日期	状态	公示日期	操作
1	2015	2016年06月24日	已公示	2016年06月24日	查看或打印
2	2016	2017年06月27日	已公示	2017年06月27日	查看或打印
3	2017	2018年06月27日	已公示	2018年06月27日	查看或打印
4	2018	2018年12月31日	未公示	未公示	编辑 查看或打印

图 9-5 选择年份

（5）开始填写企业基本信息，如图 9-6 所示。

第五步：年度报告在线填录

企业基本信息
股东及出资信息
资产状况信息
党建信息
社保信息
预览并公示

企业名称：有限公司 统一社会信用代码/注册号：

报告年度	2019		
企业名称	有限公司	统一社会信用代码/注册号	
企业通讯地址		邮政编码	
企业联系电话		电子邮箱	
企业主营业务活动			
从业人数	0 ○公示 ●不公示	(其中女性从业人数)	0 ○公示 ●不公示
企业经营状态	开业	企业控股情况	请选择 ○公示 ●不公示
是否有对外担保	○是 ●否	是否有网站或网店	○是 ●否
本年度是否发生股东股权转让	○是 ●否	是否有投资信息或购买其他公司股权	○是 ●否

以下信息不公示

其中高校毕业生人数	经营者	0	人，	雇员	0	人；
其中退役士兵人数	经营者	0	人，	雇员	0	人；
其中残疾人人数	经营者	0	人，	雇员	0	人；
其中失业人员再就业人数	经营者	0	人，	雇员	0	人；

保存 关闭

图 9-6　填写企业基本信息

（6）然后填写网站信息，如图 9-7 所示。

第七步：填写网站或网店信息，填写完成点击"保存下一步"。
对于存在网站或网店信息的企业，录入相关网站或网店名称、以及网址，（如下图）

图 9-7　填写网站信息

（7）填写股东信息，如图 9-8 所示。

第八步：填写投资人及出资信息，填写完成点击“保存下一步”。
录入股东姓名、认缴出资额、认缴出资时间、认缴出资方式、实缴出资额、实缴出资日期、实缴出资方式等信息。

大中华国际集团酒店管理有限公司　注册号：100000000044760　使用帮助

基本信息　网站或网店信息　股东及出资信息　对外投资信息　资产状况信息　股权变更信息　对外担保信息　预览并公示

正在填报：股东及出资信息

股东	认缴出资额（万元）	认缴出资时间	认缴出资方式	实缴出资额（万元）	实缴出资时间	实缴出资方式	操作
李自强	2000	2014年5月5日	货币、实物	2000	2014年12月31日	货币、实物	修改 删除
张明	1000	2014年3月3日	知识产权、其他	1000	2014年11月5日	知识产权、其他	修改 删除

添加　保存并下一步　暂存并关闭

图 9-8　填写股东信息

（8）填写资产状况信息，如图 9-9 所示。

第九步：填写对外投资信息
对于有设立对外投资企业信息的企业，录入相关的对外投资设立的境内企业名称、注册号，（如下图）

江陵国际集团酒店管理有限公司　注册号：100000000044760　使用帮助

基本信息　网站或网店信息　股东及出资信息　对外投资信息　资产状况信息　股权变更信息　对外担保信息　预览并公示

正在填报：对外投资信息

投资设立企业或购买股权企业名称	注册号	操作
江陵国际集团酒店管理有限公司	100000000044760	修改 删除

添加　保存并下一步　暂存并关闭

图 9-9　填写资产状况信息

填写资产状况信息、股权变更信息、对外担保信息后，点击预览并公示，最后提交即可，如图 9-10 所示。

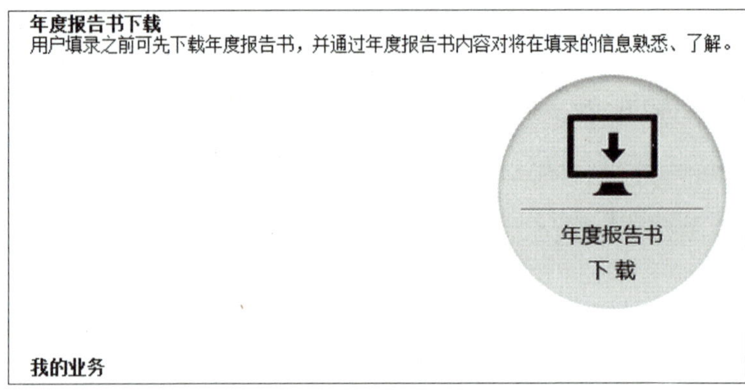

图 9-10　年度报告书下载

3. 企业年报的其他规定

实施年报制度后，企业不按规定进行年报的，列入经营异常名录，如之后又补报的，可以申请从名录中移出。连续 3 年以上不履行年度报告义务的，列入严重违法企业清单。这类列入经营异常名录和严重违法企业清单的企业向社会公示，提供社会公众查询，相关政府部门在政府采购、工程招投标、授予荣誉等工作中采取限制或禁入等约束措施。

9.3 税务登记的办理

2016 年 10 月 1 日开始“五证合一”，证照号码将从 15 位升位到 18 位，纳税人可选择国家税务局和地方税务局任意一方税务机关变更登记，建议纳税人月初申报完成后再变更税务登记号。

“五证合一”后税务登记的办理分为两种情况：一是没有税控设备；二是有税控设备。

（1）没有税控设备。

对于没有税控设备（白色的金税盘或黑色的税控盘）的企业，需要重新签订委托缴税协议（TIPS），重新刻制发票专用章，涉及企业名称变更的企业需要重新刻制企业公章。

（2）有税控设备。

对于有税控设备（白色的金税盘或黑色的税控盘）的企业，需要重新签订委托缴税协议（TIPS），重新刻制发票专用章，涉及企业名称变更的企业需要重新刻制企业公章。在国税系统变更成新的 18 位税号（即营业执照上的统一社会信用代码）后，企业需办理税控设备内税号及相关信息的变更，届时将有短信或电话通知变更，亟须变更的企业可以联系办税大厅查询国税系统内的税号是否已变为新税号，变为新税号后才可办理税控设备变更。税控设备变更流程如下：

①将未开具的空白发票作废。

②联系税控设备服务公司做好资料备份。

③完成上月抄报税后携带营业执照原件、作废票和税控设备前往行政服务中心做好税控设备变更。

对于变更当月已开过票的企业，请确保当月开具的发票状态均为已报送，若有发票未报送，请点击办税厅抄报并将情况告知窗口办事人员。

“五证合一”变更期间，企业申报入口继续使用旧税号登陆，登录不成功的使用新税号登陆，密码不变。一般纳税人取得的旧税号专用发票在认证期限内依然可以认证，不受“五证合一”变更影响。

第 10 章
如何办理社会保险和住房公积金

企业应该给员工办理社会保险和住房公积金，出纳人员应知道缴存比例、缴存标准及使用范围。

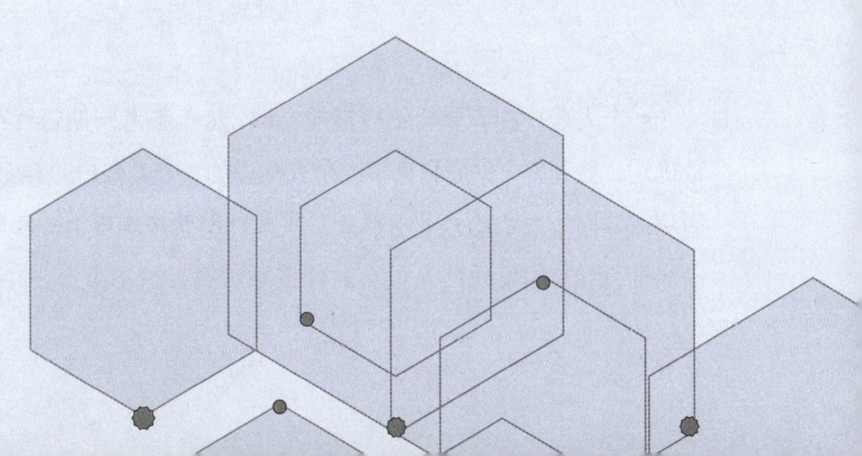

10.1 社会保险的计提和缴存

社会保险是根据立法，由员工、企业以及国家三方面共同筹资，帮助员工在遭遇年老、疾病、工伤、失业等风险时，保障其基本生活需求的社会保障制度。

10.1.1 社会保险的分类

1. 养老保险

养老保险又叫养老保险制度，是国家和社会根据一定的法律和法规，为解决劳动者在达到国家规定的解除劳动义务的劳动年龄界限，或因年老丧失劳动能力退出劳动岗位后的基本生活而建立的一种社会保险制度。

（1）养老保险基金结构：基本养老保险实行社会统筹与个人账户相结合。基本养老保险基金由用人单位和个人缴费以及政府补助组成。

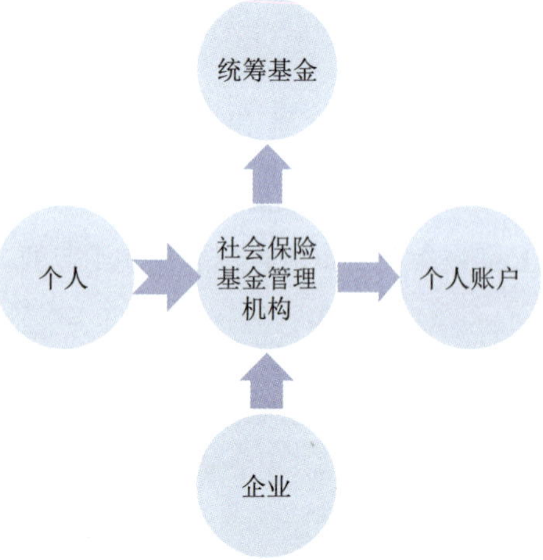

● 个人账户的养老金不得提前支取；每年参考同期银行存款利率和物价指数确定记账利率，免征利息税。个人死亡的，个人账户的养老金余额可以继承。因病或非因工死亡的企业退休人员丧葬补助费按本市上一年度 3 个月在岗工资一次性发给；如果死亡人员有供养直系亲属，按本市上一年度 10 个月在岗工资发给一次性救济费。

（2）领取条件：参加基本养老保险的个人符合下列条件的，按月领取基本养老金，直至死亡。

- 按照国家规定缴纳基本养老保险费，且缴费已经达到国家规定年限的；
- 已经达到国家规定领取基本养老金最低年龄的。（男年满 60 周岁，女工人年满 50 周岁，女干部年满 55 周岁）

（3）计发办法。

月养老金 = 基础养老金 + 个人账户养老金 + 过渡性养老金

- 个人账户养老金 = 个人账户储存额 ÷ 计发月数
- 基础养老金 =（当地上年度在岗职工月平均工资 + 本人指数化月平均缴费工资）÷ 2 × 缴费年限 × 1%
  = 当地上年度在岗职工月平均工资 ×（1+ 本人平均缴费指数）÷ 2 × 缴费年限 × 1%
- 过渡性养老金 = 本人指数化月平均缴费工资 × 享受比例

注：本人指数化月平均缴费工资 = 全省上年度在岗职工月平均工资 × 本人平均缴费指数。

2. 医疗保险

医疗保险是当人们生病或受到伤害后，由国家或社会给予的一种物质帮助，即提供医疗服务或经济补偿的一种社会保障制度。医疗保险缴付比例见表 10-1。

表 10-1　医疗保险缴付比例

住院医保费用			个人支付（%）	统筹支付（%）
起付额内（一级医院 600 元，二级医院 800 元，三级医院 1 000 元，市外上级医院 1 200 元）			100%	0
超过起付额的部分	一二级医院		10%	90%
	三级医院	10 000 元以内的部分（含本数）	20%	80%
		10 000 元以上部分	15%	85%
	市外转院	10 000 元以内的部分（含本数）	22%	78%
		10 000 元以上的部分	17%	83%

（1）基金构成。

基本医疗保险基金由统筹基金及个人账户两部分构成。

● 统筹基金：用人单位缴纳的基本医疗保险费在扣除划入个人账户后剩余的部分；即按规定收取的滞纳金、利息、财政补贴、其他收入。

● 个人账户：职工个人缴纳的基本医疗保险费；用人单位缴纳的基本医疗保险费中划入的部分；利息；其他收入。

（2）单位缴纳部分列入个人账户比例。

用人单位缴纳的基本医疗保险费按下列比例划入个人账户：

● 35 周岁及以下，按本人缴费基数的 1%；

● 35 周岁以上至 45 周岁，按本人缴费基数的 1.4%；

● 45 周岁以上至退休前，按本人缴纳基数的 1.7%；

● 退休（职）人员按本人上年度月平均养老金的 5.4%。

（3）基金用途。

● 统筹基金主要用于符合基本医疗保险的住院及门诊特定项目费用。

● 个人账户主要用于符合基本医疗保险的门诊费用、定点零售药店购药费用及职工住院和门诊特定项目费用中个人负担的部分，个人账户不足时，由个人自付。

（4）大病医疗救助。

● 主要用于解决基本医疗保险统筹基金最高支付限额以上至封顶数额的医疗费用。

● 参保职工发生住院医疗费用在超过基本医疗保险统筹基金最高支付限额后，由职工本人或家属向医保中心提出申请，经核准后，其医疗费用个人按比例自付，其余部分由医保中心与定点医疗机构按规定结算。

（5）结算方式。

● 统筹基金支付的住院医疗费用、门诊特定项目医疗费用，由医保中心与定点医疗机构按总额控制和服务单元相结合的办法进行考核结算；参保人员住院期间需转院治疗的，其符合规定的医疗费用，由医保中心与转出医院结算。

● 个人账户支付的医疗费用，由医保中心与定点医疗机构和定点零售药店按实结算。

● 长期住外参保人员门诊医疗费用，由参保人员自付。住院和门诊特定项目医疗费用，由单位按规定定期与医保中心结算。

● 临时外出参保人员的急症抢救住院医疗费用，由单位按规定定期与医疗中心结算。

3. 失业保险

失业保险是指劳动者由于非本人原因暂时失去工作，致使工资收入中断而失去维持生计来源，并在重新寻找新的就业机会时，从国家或社会获得物质帮助以保障其基本生活的一种社会保险制度。

（1）待遇享受对象。

● 按规定参加失业保险，所在单位和个人已按规定履行缴费义务满 1 年的；

● 非因本人意愿中断就业的；

● 已办理失业登记，并有求职要求的。

（2）领取期限。

● 失业保险累计缴费时间满 1 年不满 5 年的，最长可领取 12 个月的失业保险金；累计缴费时间满 5 年不满 10 年的，领取失业保险金的期限为 18 个月；累计缴费时间满 10 年以上的，领取失业保险金的期限为 24 个月。

● 失业人员在领取失业保险金期间重新就业后再次失业的，缴费时间重新计算，其领取失业保险金期限与前次失业应领取而尚未领取的期限合并计算，但最长不超过 24 个月；重新就业后不满一年再次失业的，可以继续申领其前次失业应领取而尚未领取的失业保险金。

4. 工伤保险

工伤保险是指劳动者在工作中或在规定的特殊情况下，遭受意外伤害或患职业病导致暂时或永久丧失劳动能力以及死亡时，劳动者或其遗属从国家和社会获得物质帮助的一种社会保险制度。

5. 生育保险

生育保险是通过国家立法规定，在劳动者因生育子女而导致劳动力暂时中断时，由国家和社会及时给予物质帮助的一项社会保险制度。

（1）申报材料：待遇申请表；结婚证、准生证、独生子女光荣证原件、复印件；出院小结；费用总发票；有其他生育引发的产生的符合报销条件的疾病的，应提供病历等材料。

（2）待遇：生育津贴；产前检查费 / 一次性分娩营养补助费；男职工假期期间工资；计划生育手术费用；国家或地方规定的其他待遇。

生育保险缴付比例，见表 10-2。

表 10-2　生育保险缴付比例

项目	连续参保缴费 6 个月以下	连续参保缴费 6 个月（含）至 1 年	连续参保缴费 1 年以上（含）
流产	0	300 × 30%	300 元
引产	0	1 500 × 30%	1 500 元
顺产	0	3 000 × 30%	3 000 元
剖腹产（或多胞胎）	0	4 000 × 30%	4 000 元

10.1.2 社会保险的办理

人力资源和社会保障部办公厅发布《关于做好企业“五证合一”社会保险登记工作的通知》（人社厅发〔2016〕130 号），规范“五证合一”后企业登记和参保缴费行为。

1. 企业领取“五证合一”营业执照后申请办理社保流程

企业到工商部门办理“五证合一”营业执照后，必须按《社会保险法》的要求，在用工之日起 30 日内，依法到社会保险经办机构办理职工参保登记手续。企业首次到社保经办机构办理参保手续，需携带以下资料：

（1）《参加社会保险人员增减表》一式两份（需单位盖章）；

（2）参保人员身份证复印件一份；

（3）社保专管员身份证原件。

2. 领取“三证合一”营业执照申请办理社保流程

不需要办理单位登记手续，由于原“三证合一”营业执照已经纳入“五证合一”管理，但单位必须按《社会保险法》的要求，在用工之日起 30 日内，依法到社会保险经办机构办理职工参保登记手续。企业首次到社保经办机构办理参保手续，需携带以下资料：

（1）《参加社会保险人员增减表》一式两份（需单位盖章）；

（2）参保人员身份证复印件一份；

（3）社保专管员身份证原件；

（4）法定代表人身份证原件；

（5）《社会保险变更登记表》一式两份，用于补充未在工商登记的社保信息。

3. 企业登记信息变更

企业名称、类型、住所、法定代表人发生变更，到工商部门办理登记信息变更，不需到社保部门办理。企业参保险种、社保专管员等社保登记事项变更到社保经办机构办理变更登记。

4. 企业在工商部门办理注销后，同时也要办理社保注销

企业在工商部门办理注销后，仍需填写《注销社会保险登记表》到社保经办机构办理注销社会保险登记手续。

5. 取消社保年检、换证

2016 年 10 月 1 日起，取消企业《社会保险登记证》年审和换证制度，原来社会保险登记证验证时要求企业填报的参加社会保险人数等信息，纳入企业年度报告，由企业自行向工商部门报告并向社会公示。

6. 办理缴纳社会保险费登记手续

企业办理了职工参保登记手续后 5 个工作日内凭社保部门确认的《社会保险登记表》到到所属地方税务部门办理缴纳社会保险费登记手续。

10.1.3 社会保险缴存比例

我国各地缴纳社会保险的规定有所不同，但都是以工资总额为基数。社会保险缴存比例，见表 10-3。

表 10-3　社会保险缴存比例

险种	缴费基数	缴费率	
		单位	个人
基本养老保险	参保基数	20%	8%
工伤保险	参保基数	0.4%	0
失业保险	参保基数	2%	1%
基本医疗保险（含生育）	参保基数	9%	2%
生育保险	参保基数	0.5%~2%	0

各地社会保险金缴存比例略有不同，该比例随社会环境的变化而调整。

10.2 住房公积金

住房公积金是单位及其在职职工缴存的长期住房储金，是住房分配货币化、社会化和法制化的主要形式。

● 住房公积金应当用于职工购买、建造、翻建、大修自住住房，任何单位和个人不得挪作他用。

● 其他国家法律或地方法规许可的情况，如本人、配偶及子女因重大疾病造成家庭生活特别困难的。

住房公积金构成如图 10-1 所示。

员工个人账户
个人缴存部分和公司缴存部分均进入员工个人公积金账户；
一般都是由住房公积金管理中心委托银行代为管理。

个人缴存部分
每月从个人工资中扣除

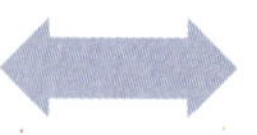

公司缴存部分
每月从公司账户中扣除

图 10-1　住房公积金构成

10.2.1 办理住房公积金流程

（1）新公司办理缴存住房公积金需要的材料：

- 住房公积金开户登记表（加盖公章和财务章）；
- 住房公积金缴存基数表（加盖财务章）；
- 在职职工工资发放名册（验原件留复印件一份并加盖财务章）；
- 法人身份证（行政事业单位带单位法人证书）复印件一份；
- 营业执照（行政事业单位带机构成立文件）和机构代码证，验原件留复印件一份（加盖公章）；
- 经办人身份证复印件一份。

（2）个人住房公积金账户设立规定。

按住房公积金管理条例规定，在一个住房公积金管理中心，每位职工只能开设一个住房公积金账户，如果有两个或两个以上住房公积金账户的必须进行合并；住房公积金账户记载职工个人住房公积金的缴存、提取等情况。

（3）职工的住房公积金账户的管理。

单位应当建立职工住房公积金明细账，记载职工个人住房公积金的缴存、提取等情况，并定期与住房公积金办事机构对账。

（4）单位新录用和新调入职工办理住房公积金手续。

单位新录用和新调入职工，应当自录用或调入之日起 30 日内到办事机构办理账户设立、账户转移及缴存登记手续，办理时单位需填写变更清册并加盖财务章。

住房公积金用途如下：

公司及个人缴存金额全部归个人所有，相当于公司额外为每个员工投入了一笔住房基金，个人总收益增加

个人缴存住房公积金部分，免征个人所得税

购房时符合条件者可以申请住房公积金低息贷款

- 采用商业贷款购买的住房可以提取住房公积金
- 租房时可以提取住房公积金
- 符合政府政策（退休、出国等）也可以一次性提取

10.2.2 住房公积金的缴存方式

住房公积金缴存如下：

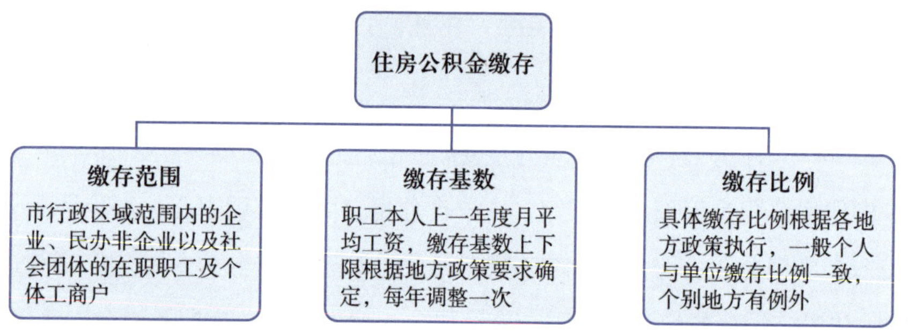

住房公积金缴存是采取单位按月汇缴的方式进行的。缴存单位代扣代缴职工个人的住房公积金，连同单位应缴的部分，需在发放工资之日起 5 日内，到住房公积金管理中心委托银行办理汇缴业务。单位首次和以后各月汇缴住房公积金时，均填写“住房公积金汇补缴书”、转账支票或现金缴款单，其他表格均为附件，应根据情况分别填写。

10.2.3 住房公积金的提取

职工有下列情形之一的，可以提取职工住房公积金账户内的存储余额：

- 购买、建造、翻建、大修自住住房的；
- 离休、退休的；
- 完全丧失劳动能力，并与单位终止劳动关系的；
- 出境定居的；
- 偿还购房贷款本息的；

● 房租超出家庭工资收入的规定比例的。

● 依照第（二）、（三）、（四）项规定，提取职工住房公积金的，应当同时注销职工住房公积金账户。

● 职工死亡或者被宣告死亡的，职工的继承人、受遗赠人可以提取职工住房公积金账户内的存储余额；无继承人也无受遗赠人的，职工住房公积金账户内的存储余额纳入住房公积金的增值收益。

10.2.4 住房公积金缴费比例

住房公积金缴存比率，见表 10-4。

表 10-4　住房公积金缴费比例

项　目	缴存比率	
	单位	个人
住房公积金	5%-12%	5%-12%

【例 10-1】 2019 年 1 月，双城有限公司按工资总额计提员工社会保险和公积金，当月工资总额为 500 000 元。见表 10-5。

表 10-5　计提“五险一金”表

项目	养老保险		医疗保险		失业保险		工伤保险		生育保险		住房公积金		合计
	比例	金额	比例	金额	比例	金额	比例	金额	比例	金额	比例	金额	
计算基数		500 000		500 000		500 000		500 000		500 000		500 000	
企业负担	20%	100 000	10%	50 000	1%	5 000	1%	5 000	0.8%	4 000	12%	60 000	224 000
个人负担	8%	40 000	2%	10 000	0.2%	1 000	0		0		12%	60 000	111 000
合计		140 000		60 000		6 000		5 000		4 000		120 000	335 000

根据上表，社会保险编制会计分录如下：

（1）计提职工薪酬时。

借：应付职工薪酬　　　　　　　　　　51 000

贷：其他应收款——养老保险费 40 000

——医疗保险费 10 000

——失业保险费 1 000

（2）当期缴纳时。

借：其他应收款——养老保险费 40 000

——医疗保险费 10 000

——失业保险费 1 000

管理费用 164 000

贷：银行存款 215 000

根据上表，住房公积金编制会计分录如下：

（1）计提职工薪酬时。

借：应付职工薪酬 60 000

贷：其他应收款——住房公积金 60 000

（2）当期缴纳时。

借：管理费用——住房公积金 60 000

其他应收款——住房公积金 60 000

贷：银行存款 120 000

根据上述会计分录，登记付款凭证，见表 10-6。

表 10-6 付款凭证

附件：1 张

贷方科目：银行存款　　2019 年 5 月 1 日　　银付字第 002 号

摘 要	借方科目		账页	金额								
	一级科目	二级或明细科目		百	十	万	千	百	十	元	角	分
用银行存款支付“五险一金”335 000 元	管理费用	社会保险			1	6	4	0	0	0	0	0
	管理费用	住房公积金				6	0	0	0	0	0	0
	其他应收款	社会保险				5	1	0	0	0	0	0

续上表

摘　要	借方科目		账页	金额								
	一级科目	二级或明细科目		百	十	万	千	百	十	元	角	分
	其他应收款	住房公积金				6	0	0	0	0	0	0
合计				¥	3	3	5	0	0	0	0	0

会计主管：王青　记账：薛冰　出纳：季明　审核：杨子羲　填制：李佳

10.3 企业年金的办理

企业年金作为企业及其职工在依法参加基本养老保险的基础上，通过集体协商自主建立的补充养老保险制度，是养老体系中第二支柱的重要组成部分。对于企业职工来说，除了基本养老保险，还可享受企业年金福利。从 2004 年开始，我国开始试行企业年金制度。根据人力资源社会保障部、财政部《企业年金办法》规定，办法将自 2018 年 2 月 1 日起施行。

10.3.1 年金缴纳方式

企业年金所需费用由企业和职工个人共同缴纳，基金实行完全积累，为每个参加企业年金的职工建立个人账户。企业缴费每年不超过本企业职工工资总额的 8%，企业和职工个人缴费合计不超过本企业职工工资总额的 12%，具体所需费用由企业和职工一方协商确定。

企业缴费应当按照企业年金方案确定的比例和办法计入职工企业年金个人账户，职工个人缴费计入本人企业年金个人账户。企业当期缴费计入职工企业年金个人账户的最高额不得超过平均额的 5 倍。企业在经营亏损、重组并购等情况下，经与职工一方协商，可以中止缴费。不能继续缴费的情况消失后，企业和职工恢复缴费，并可以根据本企业实际情况，按照中止缴费时的企业年金方案予以补缴，补缴的年限和金额不得超过实际中止的年限和金额。

办法规定，职工企业年金个人账户中企业缴费及其投资收益，企业可以与职工一方约定其自始归属于职工个人，也可以约定随着职工在本企业工作年限的增加逐步归属于职工个人，完全归属于职工个人的期限最长不超过 8 年。

10.3.2 怎么领取企业年金

职工或其继承人要想领取企业年金，首先要符合下列条件之一：

（1）到达退休年龄；

（2）完全丧失劳动能力；

（3）出国（境）定居；

（4）职工或退休人员死亡时，剩余部分可以继承。

符合条件的职工或继承人，可以从本人企业年金个人账户中按月、分次或者一次性领取企业年金，也可以将本人企业年金个人账户资金全部或者部分购买商业养老保险产品，依据保险合同领取待遇并享受相应的继承权。

根据规定，职工达到国家规定的退休年龄或者完全丧失劳动能力时，可以从本人企业年金个人账户中按月、分次或者一次性领取企业年金，也可以将本人企业年金个人账户资金全部或者部分购买商业养老保险产品，依据保险合同领取待遇并享受相应的继承权。出国（境）定居人员的企业年金个人账户资金，可以根据本人要求一次性支付本人。职工或者退休人员死亡后，其企业年金个人账户余额可以继承。

10.3.3 企业年金需要交个人所得税吗

企业年金也是职工的福利的一部分，相当于职工的补充养老保险。在缴纳个人所得税时，年金没有扣除数的。

企业和事业单位（以下统称单位）根据国家有关政策规定的办法和标准，

为在本单位任职或者受雇的全体职工缴付的企业年金或职业年金（以下统称年金）单位缴费部分，在计入个人账户时，个人暂不缴纳个人所得税。

个人根据国家有关政策规定缴付的年金个人缴费部分，在不超过本人缴费工资计税基数的 4% 标准内的部分，暂从个人当期的应纳税所得额中扣除。

小贴士

企业年金到退休有多少

企业年金计算公式：

企业年金 =（个人缴费 + 企业缴费）× 缴费年限

假设一位员工 2018 年的工资总额是 72 000 元，现在每月从工资中划出 100 元存到其个人的企业年金账户中，同时企业为他存 300 元（缴费比例为 1:3）。如果不计年收益，不计工资涨幅，那么 30 年后，这位员工退休，一次性可拿到 100（元）×12（月）× 30（年）+ 300（元）× 12（月）×30（年）=144 000（元）。

事实上，企业年金是按照前一年平均工资比例划走的，工资随着职工工龄、级别等每年上涨，年金缴存也会上涨；另外企业年金以信托的形式进行市场化管理。投资管理人会根据企业的特征为企业设计年金投资方案，比如稳定收益债券型年金产品等。

第 11 章 出纳日常管理工作

保管印章、票据、保险柜及各类备查簿，是出纳日常工作内容之一。

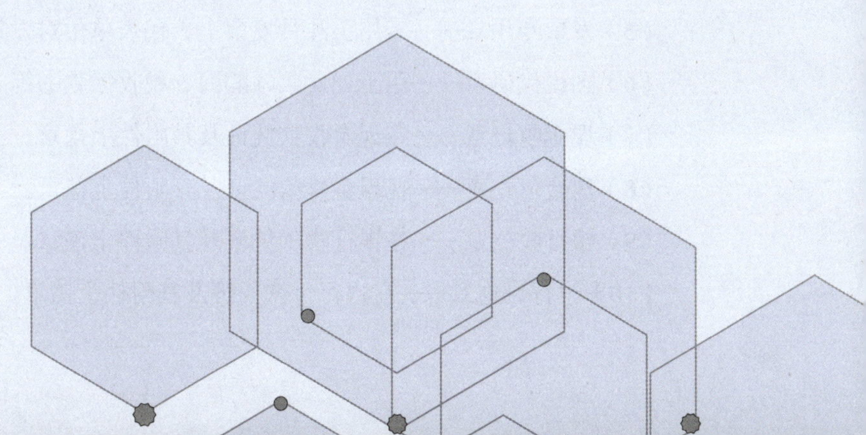

11.1 印章管理

印章是公司经营管理活动中行使职权、明确公司各种权利义务关系的重要凭据和工具。

11.1.1 印章分类

单位的印章主要包括三种，分别是本企业的财务专用章、分管财务负责人的名章和出纳经办人员的名章。其用途见表 11-1。

表 11-1　印章的种类与用途

种类	用途
财务专用章	代表企业行使财权的公章，同时也能代表会计部门
分管领导名章	标明企业领导人员之间的明确分工，一旦出现问题，可以追究分管领导的个人责任
出纳人员的名章	表明在会计人员中有明确的分工，坚持“谁经手、谁负责”的原则。如有工作出现变动，应随时更换印鉴，以分清责任

出纳人员应该熟悉下列这些公章。

（1）公章。

（2）合同章。

（3）财务章。

（4）法人私章，即法定代表人名章。（该章往往也是银行开户备案的印鉴章之一。）

（5）发票专用章——专用于开具发票上，代表单位对发票内容的确认。

（6）国税代码章——用于如发票领购簿、税收缴款书等。

（7）现金收讫章——在现金收款凭证及其附件上盖章。

（8）现金付讫章——在现金付款凭证及其附件上盖章。

（9）银行收讫章——在银行收款凭证及其附件上盖章。

（10）银行付讫章——在银行付款凭证及其附件上盖章。

（11）承前页章——专用于账本翻页后。

（12）过次页章——专用于账本翻页前。

11.1.2 印章使用规定

印章使用规定如下：

（1）不得携带印章、印鉴外出使用。确因工作需要的，携带印章外出前，必须报总经理批准。

（2）携带公章外出必须报部门负责人批准。

（3）不得在空白凭证上加盖印章，确因工作需要加盖印章的，必须在空白凭证上注明“仅供（某具体事项）使用”等限制性字样，并报总经理批准。当事人必须在事后交回该凭证的原件或复印件。

（4）印章保管人员不得随意私自使用公章，不得擅自让他人代管、代盖公章。

（5）对非法使用印章者视情节轻重给予记过、记大过、劝退或开除的处分，并保留追究其法律责任权利。

（6）需要签发支票付款时，一般先由出纳人员根据支票管理制度的规定填写好票据、盖上出纳人员名章，然后交复核人员审查该付款项目是否列入了开支计划、是否符合开支规定，如无不妥，则加盖其余印鉴正式签发，这样也就真正起到了付款时的复核作用。

11.1.3 印章的保管要求

印章保管要求，见表 11-2。

表 11-2　印章、印鉴的保管要求

职责分离	按照有关规定，支票印章一般应由会计主管人员或指定专人保管，支票和印鉴必须由两个人分别保管。负责保管的人员不得将印章、印鉴随意存放或带出企业。严禁将支票印鉴以及单位主管人的名章一并交由出纳人员保管和使用
预留印鉴的更换	如果需要更换预留印鉴，应填写“印鉴更换申请书”，同时出具证明情况的公函，一并交开户银行，经银行同意后，在银行发给的新印鉴卡的背面加盖原预留银行印鉴，在正面加盖新启用的印鉴。

续上表

预留印鉴的遗失	出纳人员遗失单位印鉴后，应由企业财务主管出具证明，并经开户银行同意后，及时办理更换印鉴的手续
印章、印鉴的销毁	由于单位变动、更名或其他原因停止使用印章、印鉴，或其破损无法使用时，应由保管人员报单位领导批准，对其进行封存或销毁，并由行政部办理新章刻制事宜

11.2 保险柜的管理

一般来讲，各单位都要配备保险柜，供出纳使用。保险柜的管理包括以下内容：

（1）保险柜应配备两把钥匙，一把由出纳保管，供出纳人员日常工作开启使用；另一把由单位财会主管（总会计师或财务科科长）负责封存保管，以备特殊情况下经有关领导批准后开启使用；保险柜有转字结构的，应由出纳掌握，但也应向总会计师（或财务科科长）登记备查。

非出纳人员在一般情况下，是不能任意开启保险柜。单位财会主管在对出纳工作进行检查，如检查现金库存限额，实物盘点时才能按规定程序开启保险柜，但出纳应在场。

（2）保险柜内保存的现金余额应当符合银行核定库存限额的要求。

（3）有价证券和贵重物品等，都必须设置保管登记簿，进行仔细登记，随时清点，做到账实相符。

（4）出纳使用的空白票据，比如空白发票或收据、空白支票以及常用的印鉴等，每日终了，均应放入保险柜内保管。

（5）保险柜内严禁存放私人现金或财物。

（6）保险柜内各种物品要存放整齐、保持整洁卫生；保险柜外也要经常揩抹干净。

（7）出纳人员工作变动时，必须及时更换密码。

（8）保险柜的钥匙丢失或密码发生故障，出纳人员要及时汇报有关领导，不得随意找人修理或配钥匙。必须更换保险柜时，要办理以旧换新的批准手续，注明更换情况备查。

（9）保险柜被盗的处理。一旦发现保险柜被盗或出现异常情况，出纳人员应当保护现场，并立即报告保卫部门或公安机关，待公安机关勘查现场时才能清理财物被盗情况。

11.3 会计账簿的管理

会计账簿的管理包括会计凭证的整理、装订及日常保管。

11.3.1 会计账簿的整理与装订

年度终了，出纳资料作为会计资料的重要组成部分，在移交会计档案前进行必要整理。

1. 凭证的整理

会计凭证包括原始凭证，记账凭证、汇总凭证，其他会计凭证。会计部门应将各种记账凭证连同所附原始凭证，分门别类、按照编号顺序整理，装订成册。封面上要注明会计凭证的名称、起讫号、时间以及有关人员的签章，妥善保管。在年度结束后，应归入档案。

常见的会计凭证进行装订的格式，见表 11-3、

表 11-3　会计凭证装订封皮

年　月　第　册

记账凭证汇总表自	号至	号共	张
记账凭证自	号至	号共	张
附件自	号至	号共	张
单位名称	装订　年　月　日 会计主管　装订人		

2. 账簿的整理

会计账簿类包括总账，明细账，日记账，固定资产卡片，辅助账簿，其他会计账薄。

整理归档时应当注意以下几点：

（1）跨年度连续使用的固定资产等账簿，应在使用完的那一个年度归档。

（2）订本账中的空白页不能拆去，应保持账簿本身的完整性；

（3）活页账中的空白页要拆去，然后在剩余账页的左或右上角编上页码，撤掉账夹，加上账簿封面封底，用脱脂线绳装订成册；并把使用登记表或经管人员一览表填写完整。

（4）会计账簿案卷封面应写明单位名称、账簿名称、所属年度、卷内张数、保管期限，并由会计机构负责人、立卷人签名或盖章。

3. 报表整理

财务报告包括月度、季度、年度财务报告，附表、附注及文字说明，其他财务报告。

会计报表是按年度立卷。立卷时要区分不同的保管期限，年度报表要与季度、月份报表分开，编写页号，分别组卷。按照归档的要求，装订时，加装卷内目录、备考表和卷皮。

4. 其他资料

其他资料包括：银行存款余额调节表，银行对账单，其他应当保存的会计核算专业资料，会计档案移交清册，会计档案保管清册，会计档案销毁清册。

（1）会计移交清册、档案保管清册、销毁清册，每一个清册就是一个保管单位，编一个卷号，不需整理。采用计算机进行会计核算的单位，应当保存打印出的纸质会计档案。

（2）各种报表及文件。如经费开支计划表、出纳报告、银行对账单等；

（3）其他财务管理的重要凭据，如支票申请单和支票领用登记簿等。

小贴士

更换通常是在新会计年度建账的时候进行。总账、日记账以及多数明细账应该每年更换一次。备查账簿则可以连续使用。会计账簿是各单位重要的经济资料，必须建立管理制度，妥善保管。账簿管理分为平时管理和归档保管两部分。

根据《会计档案管理办法》的规定，总分类账、明细分类账、辅助账、日记账均应保存 30 年。其中，银行余额调节表、银行对账单要保存 10 年，涉外和对私改造账簿应永久保存。保管期满后，应按照规定的审批程序报经批准后才能销毁。

11.3.2 出纳备查账簿的设置与登记

出纳人员保管和经手大量的有价证券、重要票证，为了更加详细地了解其使用、结存及其他情况，出纳人员应当根据需要设置有关的备查账簿。

由于备查账簿是每个单位为了满足管理需要而设置的，所以，没有统一的格式，可根据不同的情况设计具体格式。

1. 支票领用登记簿

每个单位应当设置支票领用登记簿，凡领用支票必须履行手续，出纳员登记、经办人签字。

【例 11-1】 2019 年 1 月，双城有限公司出纳人员登记的支票领用登记簿，见表 11-4。

表 11-4　空白支票签发登记簿

领用日期	支票号码	领用人员	用途	收款单位	限额	批准人	销号日期	备注
2019 年 1 月 3 日	0120	张琪	员工培训费	青鸟有限公司	4 000	郑长林	2019 年 1 月 10 日	
2019 年 1 月 9 日	0121	田芬	差旅费		3 000	郑长林	2019 年 1 月 18 日	
2019 年 1 月 13 日	0122	季明	备用金	本单位	5 000	郑长林	2019 年 1 月 21 日	
2019 年 1 月 23 日	0123	袁梅	餐费	蕊鲸大酒店	1 000	郑长林	2019 年 1 月 31 日	

2. 应收票据备查登记簿

出纳人员收到付款单位的商业汇票时，应登记“应收票据备查簿”，逐项填写备查簿中汇票种类 (银行承兑汇票或商业承兑汇票)、交易合同号、票据编号、签发日期、到期日期、票面金额、付款单位、承兑单位等有关内容。

【例 11-2】 2019 年 1 月 31 日，双城有限公司“应收票据备查簿”见表 11-5。

表 11-5　应收票据备查登记簿

票据种类：商业票据　　　　第 1 页

2019 年		凭证		摘要	合同		票据基本情况				承兑人及单位名称	背书人及单位名称	贴现		承兑		转让			
月	日	字	号		字	号	号码	签发日期	到期日期	金额			日期	净额	日期	金额	日期	受理单位	票面金额	实收金额
3	1	转	11	应收夏普电子有限公司货款 24 000 元			011	2019 年 3 月 1 日	2019 年 6 月 1 日	24 000	夏普电子有限公司									

3. 应付票据备查登记簿

出纳员在寄交商业汇票时，应登记“应付票据备查簿”，逐项登记发出票据的种类（银行承兑汇票或商业承兑汇票）、交易合同号、票据编号、签发日期、到期日期、收款单位及汇票金额等内容。

【例 11-3】 2019 年 1 月 31 日，双城有限公司“应付票据备查簿”，见表 11-6。

表 11-6　应付票据备查登记簿

票据种类：商业票据　　　　第 1 页

2019 年		凭证		摘要	合同字号	票据基本情况					到期付款		延期付款	
月	日	字	号			号码	签发日期	到期日期	收款人	金额	日期	金额	日期	金额
1	4	转	13	支付天雅公司货款	XW7554	066	2019 年 1 月 4 日	2019 年 7 月 4 日	天雅公司	75 457	2019 年 7 月 4 日	75 457		

4. 有价证券登记簿

出纳人员保管的有价证券主要是股票和债券，其登记簿见表 11-7。

表 11-7　有价证券登记簿

发行年度	期次	面额	利率	张数	号码		合计金额	入库依据	兑换日期			兑换本息		
					起	止			年	月	日	本金	利息	合计
2019	1	1 000 000	8%	1	087	087	1 000 000		2019	1	1	1 000 000	80 000	

5. 发票（收据）领用登记簿

出纳员负责发票或收据的购领，发放，保管工作，要设置发票（收据）登记簿，逐一登记票据的种类、数量与起止号码，如实记载票据的填用、核销、结存情况。发票（收据）登记簿的参考格式见表 11-8。

表 11-8　发票（收据）领用登记簿

领用日期	起始号码	领用人员	证件	签名	批准人	核销日期	备注

11.3.3 出纳交接的办理

《会计法》第四十一条规定："会计人员调动工作或离职，必须与接管人员办清交接手续"。一般会计人员办理交接手续由会计机构负责人（会计主管人员）监交；会计机构负责人（会计主管人员）办理交接手续，由单位负责人监交，必要时主管单位可以派人会同监交。出纳人员的交接也要按会计法规定进行，出纳人员在调动工作或者离职时，要与接管人员办理交接手续，这是出纳人员对工作应尽的职责，也是分清移交人员和接管人员责任的重要措施。办好交接工作，可使会计工作前后衔接，保证会计工作的顺利进行，也可以防止账目不清，财务混乱，给不法分子造成可乘之机。

出纳的交接工作一般分三个阶段进行：

1. 第一阶段，交接准备

交接准备分五个方面：

①登记出纳账；

②结账与对账；

③整理移交的各种资料；

④填写出纳账启用表；

⑤编制“移交清册”。

2. 第二个阶段，移交阶段

出纳人员离职交接必须在规定的期限内，全部向接替人员移交清楚。交接工作主要包括以下几个方面：

（1）交接出纳账簿；

（2）交接银行存款和有关票据、票证，更换印章；

（3）移交有价证券及贵重物品；

（4）移交保险柜密码，重要工作台、室钥匙；

（5）移交公章和其他实物；

（6）交接完毕后，交接双方和监交人分别在移交清册上签名或盖章。

3. 第三阶段，交接后有关事宜

（1）出纳工作交接完毕后，移交清册填制一式三份，交接双方各持一份，存档一份。

（2）接交人员应继续使用移交前的账簿，不得擅自另立新账簿，以保证会计记录前后衔接，内容完整。

（3）接交人员应认真接管移交工作，继续办理移交未了的事项。

（4）移交后，移交人不能免除责任，也即移交人员对移交的会计凭证、会计账簿、会计报表和其他会计资料的合法性、真实性承担法律责任。

4. 第四阶段：账簿交接

出纳人员因工作变动需调换时，新老出纳人员必须办理交接手续。交接中，在有关出纳账簿上注明交接日期、接办人员或者监交人员姓名，并由交换双方人员签名或盖章。必要时，在会计主管人员或有关责任人主持下进行交接，点清库存现金及各种有价证券，交出空自发票或收据、支票、印鉴和账簿等，复写一式多份的“会计交接手续说明和财产物资清单”并由交换双方和监交人一起在上面签章。

【例 11-4】 双城有限公司出纳员季明，因工作出色，被公司调离出纳岗位，转入会计岗位，出纳工作由张婷接管。双方在会计主管的监督下进行工作移交，移交清单如下。

双城有限公司移交清单

2019 年 1 月 11 日

移交原出纳员季明，因工作需要，财务部已决定将出纳工作移交给张婷接管。现办理如下交接：

一、交接日期

2019 年 1 月 11 日

二、具体业务移交

（1）库存现金：3 789.43 元，账实相符，月记账余额与总账相符。

（2）银行存款余额 3 219 780 元，经编制“银行存款余额调节表”，核对相符。

三、移交银行票据、会计凭证、账簿

（1）空白现金支票 50 张（4510 号至 4560 号）

（2）空白转账支票 44 张（3450 号至 3475 号；2210 号至 2229 号）

（3）银行汇票簿 2 册

（4）银行本票簿 3 册

（5）银行日记账（2018 年 1 月 1 日至 2019 年 1 月 11 日）

（6）现金日记账（2018 年 1 月 1 日至 2019 年 1 月 11 日）

四、印章

（1）转讫印章 1 枚。

（2）现金收讫印章 1 枚。

（3）现金付讫印章 1 枚。

（4）银行收讫印章 1 枚。

（5）银行付讫印章 1 枚。

（6）公司财务账户信息印章 1 枚。

（7）公司名称印章 1 枚。

（8）公司发票印章 1 枚。

五、其他

（1）网银 U 盾与光盘各 1 个。

（2）送款簿 5 册。

（3）进账单 4 册。

（4）支票登记簿 1 册。

（5）交款单 4 册。

（6）收据 2 册。

（7）保险柜 1 个。

六、本交接书一式 3 份，双方各执 1 份，存档 1 份

移交人：季明 2019 年 1 月 11 日

接管人：张婷 2019 年 1 月 11 日

监交人：王青 2019 年 1 月 11 日

参考文献

[1] 中华人民共和国财政部 . 企业会计准则（2018 年版）[M]. 北京：经济科学出版，2017.

[2] 中华人民共和国财政部 . 企业会计准则应用指南（2018 年版）[M]. 北京，立信出版社，2018.

[3] 中国注册会计师协会 . 会计 CPA[M]. 北京：中国财政经济出版社，2019.

[4] 邱银春 . 新手学会计 [M]. 北京：清华大学出版社，2018.

[5] 财政部会计司 . 企业会计准则第 14 号——收入应用指南 2018[M]. 北京，中国财政经济出版社，2018.

[6] 张璐莹 . 一般纳税人真账实操全图解 [M]. 北京：中国铁道出版社，2017.

[7] 秦东生，于烨 . 优秀税务会计从入门到精通（零基础学习税务会计入门畅销书）[M]. 北京：中国华侨出版社，2015.

[8] 赖金木 . 即学即会：会计全流程做账实操 [M]. 北京：中华工商联合出版社，2014.

[9] 曲喜和，严鸿雁，徐鲲 . 会计学，2 版 [M]. 北京：北京邮电大学出版社，2011.

[10] 陈菊花，陈良华 . 会计学，3 版 [M]. 北京：科学出版社，2012.

[11] 陈登文 . 会计知识入门 [M]. 北京：知识产权出版社，2011.

[12] 梁文涛 . 纳税筹划实务 [M]. 北京：清华大学出版社，北京交通大学出版社，2012.

[13] 陈文昌 . 企业财务报表分析 [M]. 北京：中国人民大学出版社，2011.

[14] 汪华亮，邢铭强，索晓辉 . 企业税务筹划与案例解析 [M]. 上海：立信会计出版社，2011.

[15] 李凤荣，张小静 . 税法 [M]. 北京：北京理工大学出版社，2011.

[16] 张云莺，郑建志，崔艳辉 . 税收筹划 [M]. 北京：清华大学出版社，2010.

[17] 成凤艳，李岩 . 税务会计与税收筹划 [M]. 北京：北京理工大学出版社，2011.

[18] 陈春洁 . 小企业会计核算实务 . 图解版 [M]. 广州：广东人民出版社，2012.

[19] 陈梅兰 . 小企业会计核算实务 . 升级版 [M]. 北京：人民邮电出版社，2011.

[20] 小企业会计准则研究组 . 小企业会计准则操作指南 [M]. 大连：东北财经大学出版社，2012.

[21] 小企业会计准则研究组 . 小企业会计准则讲解 [M]. 大连：东北财经大学出版社，2012.

[22] 文彬 . 新编会计入门不可不知的 300 个常识 [M]. 北京：中国商业出版社，2011.

[23] 罗绍德 . 中级财务会计 [M]. 成都：西南财经大学出版社，2011.

[24] 汤湘希，王昌锐，赵彦锋 . 中级财务会计 [M]. 武汉：武汉大学出版社，2012.

[25] 吴晖 . 中级财务会计 [M]. 北京：科学出版社，2019.